目　录

序章

1. 重新把镜头转向中国 ·························· 010

2. 中国是如何实现经济奇迹的 ·············· 018

3. 最为丰富、古老和多样化的文明 ·········· 024

4. 无知与偏见 ······························· 027

5. 误解 ···································· 037

6. 为什么中国如此容易理解却又难以理解 ·········· 053

了解中国的 A-Z

A

动物日历 Animal Calendar ·················· 064

动物符号 Animal Symbols ·················· 066

建筑 Architecture ························· 068

军队 Army ······························· 071

B

竹子 Bamboo ·························· 076

讨价还价和以物易物 Bargaining and Haggling ·········· 077

"一带一路"倡议（The）Belt and Road Initiative ······· 080

书籍 Books ·························· 081

贿赂 Bribery ·························· 083

C

书法和绘画 Calligraphy and Painting ················ 086

大运河 Canals ······················· 089

变迁的足迹 Change ···················· 090

育儿 Childrearing ···················· 092

筷子 Chopsticks ····················· 095

城市 Cities ························· 097

文明的冲突与和谐 Clash or Harmony of Civilizations ····· 100

时钟 Clocks ························ 103

俱乐部和社团 Clubs and Associations ············· 104

色彩 Colours ······················· 106

对抗与和睦 Confrontation and Harmony ············ 108

孔子 Confucius ····················· 110

保守主义 Conservatism ················· 113

习俗 Custom ······················· 114

D

灾难 Disasters ·· 118

占主导地位的大国 Dominant Superpower ················ 121

E

地震与洪水 Earthquakes and Floods ····················· 126

饮食 Eating ·· 129

教育 Education ·· 132

温情 Emotional Warmth ·· 135

F

面子和荣誉 Face and Honour ·· 140

时尚 Fashion ··· 145

"胖文明"和"瘦文明"Fat and Thin Civilisations ········ 147

节日庆典 Festivals ··· 150

护甲、缠足和体力劳动 Finger-nail Guards, Bound Feet and

　Manual Labour ··· 152

花草 Flowers and Plants ·· 154

G

大型帝国 Galactic Empire ··· 158

高考与教育 Gaokao and Education ····························· 160

性别问题 Gender ·································· 161

礼物 Gifts ······································· 163

银杏与耐久性 Ginkgo and Durability ············ 164

玻璃制品 Glass ·································· 166

绿色能源 Green Energy ························· 168

关系 Guanxi ····································· 169

火药和烟花 Gunpowder and Fireworks ·········· 172

H

卫生和保健 Health and Healthcare ············· 176

高水平均衡陷阱 High Level Equilibrium Traps ········ 179

幽默感 Humour ································· 182

I

工业革命 Industrial Revolution ················ 188

勤劳和工业化 Industrious and Industrial ·········· 190

知识产权 Intellectual Property ················· 192

内向型和外向型文明 Inward and Outward

Looking Civilisations ························ 194

J

连带责任 Joint Responsibility ················· 198

《西游记》Journey to the West ················· 199

K

武术 Kung-fu and Martial Arts ························· 204

L

向陆与向海 Landward and Seaward ···················· 208

法律与正义 Law and Justice ························· 210

爱情和婚姻 Love and Marriage ····················· 216

M

麻将和其他游戏 Mah Jong and Other Games ·········· 220

君子 Mandarins ····································· 221

天命与民主 Mandate of Heaven and Democracy ········ 224

市场和营销 Markets and Marketing ·················· 225

磨坊 Mills ··· 227

现代性 Modernity ·································· 229

财富观 Money ····································· 233

大山和石头 Mountains and Rocks ··················· 234

N

噩梦 Nightmare ···································· 238

贵族 Nobility ····································· 240

O

戏曲 Opera ·································· 244

海外华人 Overseas Chinese ····················· 245

P

纸 Paper ······································· 248

物质基础设施 Physical Infrastructure ·················· 249

诗歌和诗人 Poetry and Poets ····················· 251

礼貌和礼节 Politeness and Etiquette ················· 254

瓷器 Porcelain ································· 256

印刷术 Printing ································ 258

行业和专业人员 Professions and Professionals ··········· 259

公有和私有 Public and Private ····················· 260

Q

秦始皇 The First Emperor of Qin ··················· 264

R

日新月异 Rapid Change ························· 268

稀有的土壤 Rare Earths ························· 270

对传统的重塑 Reinvention of Traditions ·············· 271

责任 Responsibility ·························· 272

稻米 Rice ······························ 273

S

学者 Scholars ·························· 278

科学与文明 Science and Civilisation ·············· 280

深圳 Shenzhen ························· 284

未来的冲击 Shock of the Future ·············· 285

丝绸和丝绸之路 Silk and Silk Roads ············ 288

罪和罪恶感 Sin and Guilt ················ 290

社交媒体和数字通信 Social Media and Digital

Communication ······················ 292

土地 Soil ·························· 292

T

税收 Taxation ························· 296

茶叶 Tea ·························· 299

茶道仪式 Tea Ceremonies ················ 300

团队体育竞赛 Team Games ················ 302

兵马俑 Terracotta Army ················· 303

《大分流》*The Great Divergence* ············· 305

中医 Traditional Chinese Medicine ············· 307

U

大学与书院 Universities and Academies ·················· 310

城市化 Urbanisation ································· 313

V

庞大和完整 Vast and Integrated ···················· 318

W

长城 The Great Wall ··························· 322

治水与水利文明 Water Management and

Hydraulic Civilisation ······················· 324

西化 Westernization ····························· 326

X

世外桃源 Xanadu ····························· 330

Y

长江 Yangtze River ····························· 334

阴阳 Yin and Yang ····························· 336

Z

禅宗与佛教 Zen-Chan (Chinese) Buddhism ·············· 340

尾声

7. 独特的文明 ·· 344

8. 中国的未来：一些猜想 ···························· 370

序　章

回想起1991年，在我50岁之前，中国这个国度并没有引发我的浓厚兴趣，我对它的了解也不算多。这么多年来，我从未研究过中国的历史，也未曾读过任何专门研究中国的严谨著作。尽管与我共事多年的一个朋友，据说来自中国北方，但我依然没有真正能够在中国工作的契机，当时的我主要在尼泊尔和英国工作。20世纪80年代中期，当我的一位学生萌生了想要去中国工作的意向时，我劝阻了他，因为我听说，这在当时或多或少是件不太可能的事情。

随着"四人帮"的粉碎，以及20世纪80年代中国的逐步开放，我逐渐意识到，中国内部正在发生巨大的变化。

然而，在我第一次访问日本之后，我便开始对中国产生了兴趣。1990年和1993年的两次日本之行，让我们第一次接触到了东亚国家，并在那里接触到了一种深受中国影响而产生的文化。此后，我对于将日本特有的文化与在中国影响下所形成的风俗文化进行区分，越来越感兴趣。

在那两次日本之行后，1996年，我的朋友格里·马丁（Gerry Martin）提议说，我们应该安排一次中国之旅。格里为了建立自己的工程公司，曾多次去过中国，他对中国的了解远比我要多。他意识到，一些激动人心的事情正在发生。因为我和他都对科学与工业革命的起源非常感兴趣，所以为何科学与工业革命首先出现于西方国家而非中国的这个谜团，已经开始吸引我们了。

我读过各种有关"欧洲奇迹"的读物，其中有不少都提到了中国——比如埃里克·琼斯（E. L. Jones）、大卫·兰德斯（David Landes），以及其他作家的著作。书中内容显示，直到15世纪，中国在许多方面都代表着世界上最先进的文明，但从那以后，中国却达到了某种程度的一个上限。我读过马克斯·韦伯（Max Weber）颇具影响力的著作《中国的宗教：儒教与道教》（Religion of China），书中详细阐述了马克思提出的"亚细亚生产方式"，这种生产模式在当时被认为是现代化建设的一种阻碍。

从孟德斯鸠，到亚当·斯密和戴维·休谟（David Hume），再到托克维尔，他们对中国的刻画，在后来都在我心目中成为一种固定模式。而著名英国历史学家伊懋可于1973年出版的《中国历史的模式》（The Patterns of China）又以一种现代的视角对中国过去的发展模式进行了诠释。

同时，我也慢慢开始阅读史景迁的著作，阅读《水浒传》，认认真真地多加学习。我还读了理查德·H. 托尼（R·H. Tawney）的《中国的土地和劳动》（Land and Labour in China），以及富兰克林·H. 金（F·H. King）的《四千年农夫》（Farmers of 40 Centuries）。然而，即便是这样，我对于中国仍然没有任何真实的感触。

1996年年初，我建立了一个三方模型——西方国家、尼泊尔和日本。我想着，如若将中国添加进来，那么这个模型将变得更加丰富，但要如何才能使其不仅囊括了一个国家，更是涵盖了一种覆盖面最广、历史最悠久的文明呢？

1996年，我们进行了首次中国之旅，为期两周。这基本上算是一场陪同旅行，不过，我们偶尔也会设法避开旅游线路，去往比较偏远的地区和当地人的家中。这一路上的各种体验——包括与知识渊博且观察力敏锐的格里所进行的长期交谈，以及将我之前对于西方国家、尼泊尔和日本的认知和对中国的观察做比较，必然使这次中国之行成为一场充满惊喜、收获颇丰的旅程。

在接下来的六年里，我阅读了更多有关于中国的书籍，并举办了一些专门关于中国的比较研讨会。我还参与了一部名为《世界腾飞的那一天》（ *The Day the World Took off* ）[1]的电视连续剧的制作，中国在其中扮演了十分重要的角色。之后，在2002年，我和我的妻子莎拉被邀请前往中国北方，参与一次历史学调研。彼时，我的第一位来自中国的博士生也被剑桥大学录取了。我的第一本被译成中文的书也在翻译过程中。

在接下来的17年，我和我的妻子几乎每年都有到访中国的机会。在那些日子里，恰逢中国经济增长最快的时期。我们去过中国的很多地方，只有东北三省和西北地区，还有西藏和内蒙古没有去过。我们去过许多大城市和偏远乡村，特别是在中国南部和西部的少数民族地区的城市和乡村。我和我的中国博士生以及朋友们，一同度过了这些旅行，他们都

---

① 此节目改编的图书中文版已由中国科学技术出版社出版，书名《剧变：英国工业革命》（2018年）。——编者注

将我们介绍给了他们的家人，解答了我们当时遇到的问题。在这个过程当中，我拍摄了数百小时的影片，莎拉也在日记中将我们的所见所闻详细地记录了下来。

同时，我还在中国的大学、书展、政府机关以及出版社举办过多次讲座。我一直在清华大学、北京大学和四川大学担任客座教授，我们在那里与中国的学者开展了文化比较研究项目，尤其是教育方面的一些项目。我们也曾参与过剑桥大学面向中国的中小学生、大学生、政府官员和银行家的夏令营活动。

2009年，我成为剑桥大学国王学院诗人徐志摩的纪念碑的"守护者"。最近，我们为了纪念他还建造了一座中式园林。过去的几年里，我一直在与我以前的学生王子岚女士进行共同努力，希望在中国和西方之间架起一座文化桥梁。在剑桥大学，我们举办了多场关于中国艺术和文学的展览。所有的一切，都是为了向西方传播中国文化的精髓。而作为交换，我们也会将唱诗班、艺术家和学者带到中国，从而帮助中国人加深对我们的了解。

许多来自中国的访客都曾与我们一同工作过。我与剑桥大学的中国学生和学者的友谊也加深了我对中国的了解。我们还成立了一家小公司——康河出版社，专门从事将中文书籍翻译成英文书籍的业务，以及将英文书籍翻译成中文书籍的业务。最近，我们又在剑桥大学的菲茨威廉博物馆对面开设了一家艺术画廊和一家商店。

多年来，我一直想要向人们传达我对中国和西方的理解。然而，鉴于中国庞大的体量和多样性，我又无法看懂中文、不会说普通话，因此不得不间接地获取信息或知识。我发现，想要对东西方进行解读困难重重。因此，我首先尝试将中国置于另外三种我更为了解的文化背景之下来进行分析。我在自己所撰写的《文明的比较》(China, Japan, Europe and the Anglo-Sphere – A Comparative Analysis)[1]一书中就是这样做的。

凭借我先前的所有体验和交流经验，相较于之前那本书中对于中国进行精练的综合描述，这次我想要尽可能地对中国进行更多的解读。

*

我非常清楚，写这本书意味着我正在尝试一件不可能完成的事。要写一本有关"中国"或"中国人"的毫无争议的书，显然是不可能的。每一句断言或是概述都有可能引发争议；可能被高度认可，也可能只是说明了一部分的事实。

第一，中国如此之大，对于它的评述可以说是没有完全准确的。即便是在中国的一个省份内（大小通常相当于像法国这样的欧洲国家），都存在着很大的差异。因此，准确来说，每次在进行简述时，都应遵循像"在云南的西南部……"这样的形式。这种表述是极其冗长又乏味的，但为了做到高度精确，这又是非常有必要的。

---

[1]　此书中文版已由中国科学技术出版社出版（2022年）。——编者注

第二，历史上的中国是社会阶层高度分化的。比如文人墨客与下里巴人、市民与村民、男人与女人、年轻人与老年人之间的差异。近年来，随着城市化进程的推进，这一情况更是得到了充分的体现。因此，对于中国的每一句点评，都应该以这样的形式来表达："在年长的、受过教育的、富有的城市居民当中……"或者可以这样表述："年轻的、受教育程度有限的、农村居民……"要想涵盖如此庞杂的内容，需要的是一部百科全书，并非只是一本读物。

第三，中国社会虽然具有一种深刻的连续性，但也会不断地产生变化；有时，它改变的速度甚至相当之快。套用1989年中国社会的情况来描述30年后（2019年）中国社会情况的做法是不可取的。至少自公元前221年秦始皇统一六国以来，在中国的历史长河中用发展的眼光审视中国就是非常重要的。当然，这一点也被放大了不少。19世纪晚清的发展现状，不同于17世纪下半叶的清初，更不同于15世纪的明朝、12世纪的宋朝或8世纪的唐朝。因此，对于中国的每句评述也都应该带有特定的时代性，例如"在南宋时期，在东海岸，在文人墨客当中……"。

第四，正如我将要进行的更为具体的描述那样，中国与所有文明一样，不是建立在一个单一连贯的（发展）逻辑基础之上的。它包含了许多的矛盾点和对立面，以及尚未得到缓解的冲突和紧张局势。

*

谈到有关于中国人的话题而不引起丝毫争议，这显然是不可能的。鉴于这一点，我发现这么多年来，自己始终没有认真地写过一些关于中国人的文章。我可以就此停笔，或者只是用影片和日记来记录我们的旅行、细致地描述当地的风土人情，又或许可以放弃对我们在与中国的多次接触中所学到的东西进行交流的任何尝试。

相反，我决定将小心谨慎暂时放到一边，并且试着对自己的看法进行概括。我遵从了爱因斯坦的建议，即"大致正确好过完全错误"。我所受过的历史学和人类学方面的所有训练告诫我不要去做一件事：在未引用原始数据或许多其他专家观点来为自己的结论提供大量理据的情况下，仅凭自己有限的经验进行归纳总结；而我反其道而行之。

如果你是一个反对根据一系列直觉下结论的读者，认为从宏观角度来看，亨利·庞加莱（Henri Poincaré）在描述科学是如何发展的时候所采用的"先猜测，后论证"的方法，必然是有缺陷的，那么这本书并不适合你。

同样地，如果你作为一名读者，认为从个人角度来看待像中国这样一个庞大的文明是无益的，认为我阐述自己对事物的看法以及这些看法是如何受到中国人质疑的是无益的，那么这本书也不会是你所中意的。我写本书的目的，在于鼓励读者作为我的同伴，与我一起克服文化差异的障碍来更好地了解中国。为了达成这一目标，我常常需要表明我是谁，我的想法是什么，我通过将自己的经验和我在中国的所见所闻进行比较，从中发现了什么。

同时，这也是一种很冒险的研究策略，且并非经常在跨文化研究中使用。我曾采纳了这种策略的改良版，用于帮助自己理解日本文化，并撰写了《日本镜中行》(*Japan Through the Looking Glass*) 一书。通过这本书，我将观察视角从已知的、自己所熟悉的生活，转移到了未知的、难以想象的日本文化中。这本书似乎让读者非常受用。因此，我采纳了与之相同的方式，但要分析中国的复杂情况，则是一项很大的工程。

这是完全基于个人经验的指南。阅读本书将把你带入一场探索发现之旅。你在本书中将看到的中国人，是一位年长的、来自中等收入阶层的白人男性眼中的中国人，也是一位英国学者眼中的中国人。可能会带有种种偏见，但在这样一种视角下，或许你会得到一些意外收获。

倘若你对我提出的见解感到忧虑或是不信服，可以自行查找相关信息。现在要在网络上或在与中国有关的大量文献中找寻任何一些话题的相关资料，相对来说都是非常容易的。倘若我所描绘的中国挑战了你先前对中国的看法，正如中国挑战了我曾经对它的印象一样，那便正是我期望看到的一幕。

1. 重新把镜头转向中国

中国究竟正在发生着什么，为何大多数不在中国的人几乎都不知道其内部的情况。许多人就像是普通的水手，以为自己不过是登陆了一个岛屿。而只有当他们点亮火光，这个庞然大物抖抖它的身体时，水手们才发现自己误把这个庞然大物当成岛屿。如今，我们生活中的一切都已深深地与中国的命运联系在了一起。我们的未来将更是如此。本书将试着探索中国过去和现在的情形，以及它与西方的不同之处。

不用细说，我们许多人都知道，中国在经济、文化、政治和社会各方面的发展都非常迅速。据预测，中国将在新时代成为占据主导地位的世界大国，尤其是在经济方面。中国几乎已经影响到了这个星球上所有人的生活，而且这样的影响将越来越深远。

我很好奇这样巨大的变革是如何发生的。仅用了四十多年，中国就完成了历史上最令人震撼的工业化，其速度是19世纪西方国家的两倍，其规模更是日本的十倍。它是在一种平静且温和的方式下进行的，并从未像西方国家那样产生很多可怕的副作用。我常常在思索，他们到底是如何做到的？为什么可以做到这种程度呢？

通过一些图表，我们能够简单明了地看到中国过去的情形，它们展现出了过去四十多年里在中国发生的一些重要事件。

纵观整个历史时期，可以说中国曾经是世界上规模最大，并且经济和文化实力最强的国家。但在短短的两个世纪，从大约1820年起，西方便凭借其工业革命的发展和对贸易的强烈需求，取代了中国的地位。而现如今，中国又渐渐回到了它原本的大国位置。

从1820年起，经济中心的重心开始由东方向西方转移，但随后，从2000年起，其重心又迅速转移回了东方。

图1清晰直观地展示了这种发展趋势。这张图记录的年份只到2008年，因此我们无法了解到过去十几年里中国经济惊人的持续增长情况。图1展现出中国的经济是如何从1820年开始出现相对收缩，且直到1980年左右才开始在主要的经济大国中扮演重要角色的。

这种经济发展态势预计将持续到2050年（如果大致估计正确的话）。中国的经济自2008年（当时中国依然处于国内生产总值相对较小的情况），预计将在新时代中实现巨大腾飞。中国的经济规模届时将达到美国的两倍，几乎占到全球的三分之一。

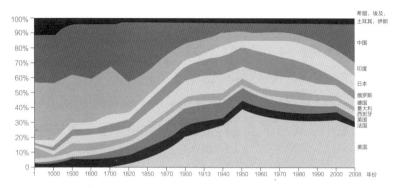

**图1　中国与世界其他大国在历史上占世界GDP的份额
（公元元年—2008年）**

资料来源：*"Statistics on World Population, GDP and Per Capita GDP,
1-2008 AD"*，Angus Maddison，University of Groningen.

　　此外，关于中国经济发展现状产生的原因也同样值得了
解。大约在1978年改革开放开始，中国的国内生产总值开始
实现飞速发展。当时，中国发生了两个重大事件，一个是家
庭联产承包责任制的实行，另一个是在深圳开放首个经济特
区。1992年，随着上海经济特区的开放，中国的经济开始
了迅速增长。并且值得注意的是，2001年中国加入世界贸
易组织（WTO）时，距离中国"经济起飞"还有很长一段
时间。

　　显然，这种经济的增长得益于多年来中国国内生产总值
（GDP）的快速增长。这在图2中也有所体现。它表明，1985
年、1993年至1995年、2005年至2007年中国经济先后几次达
到高峰。虽然2011—2017年，中国的经济增速有所下降，在
6%至7%；但由于目前中国的经济规模比其十几年前高出好

GDP增长率（%）

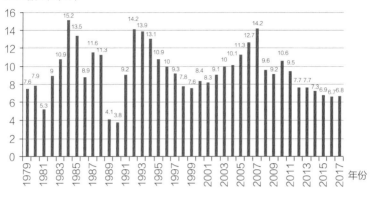

图2　1979—2017年中国国内生产总值增长率

资料来源：IMF，and Chinese National Bureau of Statistics.

几倍，因此仍可以说中国经济取得了巨大的发展。

最后，我应该说明一下，这对于近代一百年来都处于危机、屈辱和贫困状态下的中国人来说意味着什么。1978年，中国人均国内生产总值（以美元为单位计算）为每年226美元。到2001年，它首次超过了1000美元——在24年里增长到四倍以上。如图3所示，到2008年，这一数字已经达到了2001年的近四倍；而到2017年，该数值已经超过了7000美元。

中国的有趣之处，不仅在于其经济实力。我想深入了解它也是基于其他一些同样引人注意的原因。中国有一些特别之处，从它的饮食、建筑和园林，再到它的哲学和诗歌，都非常与众不同。它既不像西方文明，也不像印度和中东地区

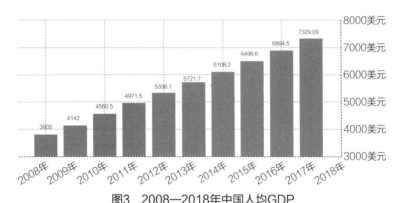

图3　2008—2018年中国人均GDP

资料来源：TRADINGECONCMICS.COM|WORLD BANK.

的文明，也不完全等同于像日本那样充满神秘主义的文明，但它仍然充满着某种神秘的特性。

　　中国人不仅能够生产优质、实用的商品，中华文明也是一个具有深厚文化底蕴的文明。中国是一个在文化艺术上高度发达的国家，包括诗歌、哲学、音乐、文学、绘画等诸多领域。过去五千年来，世界上许多最出色的东西都是由中国制造的。18世纪，中国制品震撼了整个欧洲，任何在中国与中国年轻人相处过一段时间的人都会意识到中国深厚的文化传统。

　　中国人口大约占世界人口的五分之一。中华文明是地球上延续时间最长的文明之一，至少可以追溯到五千年前。世界上的许多重要技术都是由中国首先开发的，随后再被转移到西方国家，包括著名的四大发明——指南针、造纸术、活字印刷术和火药。

*

我之所以试图加深人们对中国的基本了解，还有一些其他原因。首先，随着中国渐渐成为世界上的两大主导力量之一，政治冲突和具有互相伤害性质的"文明冲突"所带来的重大危害便随之产生。倘若中国和西方无法互相了解各自的历史和文化，这种危害则会加剧。因此，眼下的当务之急就是西方人需要了解中国的需求（当然，中国人也需要试着来了解我们）。

其次，正如美国在20世纪的发展影响了世界上其他地区人们的生活，中国的崛起也改变了西方人生活中的方方面面。我们日常生活中的各个方面，包括教育、饮食、音乐、文学、社会阶层、两性关系和科技，都将，或者说已经在中国的影响下发生了改变。

因此，为了了解我们周围的世界正在朝着什么方向转变，而"他人"又是如何塑造并且影响"我们"的，我们需要更多地了解即将到来的"大海啸"。

如果我们没能很好地了解中国，我们也许会感到恐惧、愤怒，甚至是嫉妒；如果我们了解了中国的强大力量和重要性，我们仍然会感到担忧。然而，倘若我们能够把握中国发展的浪潮，我们也许就能避免"溺水"，从而在一个崭新的、受到多重影响的，且带有许多令人惊喜和激动特质的世界里，感受"游泳"的乐趣。我们也需要学着去分享这种感受，并对迄今未经探索的事物留有期待。

*

现在似乎正是了解中国正在发生什么事情的最好时机。如果现在不抓住时机，恐怕在不久的将来想了解在中国发生的变化就为时已晚了。两个多世纪之前，在法国大革命发生后不久，法国作家托克维尔就在他对那场重大事件的研究中指出了其中的原因。

托克维尔观察到，革命一旦发生，其诱因就会变得不为人知。革命的规模越大，终结得就越快、越彻底。必须赶紧将发生的事情记录下来，否则人们就会忘记促成革命的条件，也不记得革命是怎样进行的。革命结束后，人们会生活在一个"已被改变"的世界里，一切照旧，毫无异样。

看来，对法国大革命进行审视和评判的时机已经到来。我们今天正处于这样一个刚刚好的时刻；此时，这一伟大的革命可以被人们充分地理解和评判。我们距离革命还很遥远，无法强烈地感受到那些影响革命者观点的激情。另外，我们几乎能够感受到并理解产生革命的思想感情了。而很快，要做到这一点就会变得非常困难。因为对于一场成功的伟大革命而言，由于革命诱因的消失和革命的成功，其本身将变得非常难以理解。①

———————————

① 托克维尔，《旧制度与大革命》。

中国在过去四十多年里所进行的改革，可以说是这个地球上有史以来（或者说将是有史以来）最为盛大的。同时，这也意味着在今天，任何前去拜访中国的人想要寻找当时改革启动时的踪迹都是极其不易的。就算这不是一件完全没可能的事，我们也很难亲眼看到当时所发生的事情，或是进行改革的原因。只有经历过这些变革，并且在四十年前的改革开始之前就仔细观察形势，我们才能开始渐渐揭开事件发生的真相，从而了解我们目前在中国所看到的一切的深层原因。

2. 中国是如何实现经济奇迹的

在我学术生涯中的大部分时间里，我都是在试图理解"大转型"，这是自大约一万年前农业社会形成以来出现的第一个经济奇迹——从农业文明进入工业文明。

这一变化大约在1760年至1840年发生在英国，比世界上任何其他地区都早80年。它是在德国、法国和美国开始转型时完成的。这一史无前例的变化让世界走上了一条新的道路。

尽管它的影响是巨大的，但其产生的原因不得而知，因为形成这一转型的原因由无数相互关联的线索组成，就像一幅巨大的编织挂毯。这一转型的发生就像去打开一把大的密码锁，有10个数字序列，每个序列包含10个数字。打开锁的概率是10的10次方分之一，尽管这件事发生的可能性极小，但它还是发生了。我已经写了六本书，试图解释它是如何以及为什么发生的[1]。

---

[1] 艾伦·麦克法兰，《英国个人主义的起源》《资本主义的文化》《和平的野蛮战争》《现代世界之谜》《现代世界的形成》《现代世界的发明》。

当我在20世纪90年代开始研究日本时，我发现，从1868年明治维新开始到之后的40年里，日本实现了工业化，日本在这期间的崛起是第二个奇迹。它从一个稳定的、落后的农业国转变为一个现代工业国家。

虽然这个奇迹可以说没有英国的第一次转型那么神秘，因为在日本明治维新时已经有了可供参考的技术，就像明治维新几十年前德国和美国刚发展起来时一样。我做的研究是为了解释另一个岛国是如何实现这种转型的，它的政治和社会制度与英国的有些相似。

这两个案例虽然与中国这几十年的改革有很大不同，但确实为在过去一万年里所发生的第三个经济奇迹提供了一些线索，其发展方式与英国的经济奇迹发生的模式类似。第三个经济奇迹——中国奇迹，在规模和速度上都要比第一个奇迹要引人注目得多，即便形式上没有那么新颖。前文已经展示了中国发生的一些情况，究竟是什么导致或推动了它的发生，这仍然是一个值得讨论和充满争议的问题。这个问题的答案将影响我们对中国未来发展的看法。

对于为什么会发生震撼我们世界的"经济爆炸"，从英国最伟大的分析家、经济学奠基人亚当·斯密的理论中，我们或许会得到一个十分简单的答案。

在一个著名的早期理论中，亚当·斯密写道："要使一个国家从最低的野蛮状态上升到极度富裕的程度，除了和平、轻松的税收和可被人民接受的司法行政体系外，几乎没有其他必要条件；顺其自然就可以。""和平"指通过暴力手段（战争）维持内部和外部的和平。亚当·斯密所说的"轻松的税收"不一定是指轻税，而是指公平（非随意征收的）、管理良好和可预测的税收。税收还应该对普通民众有利，而不仅仅是为了支持军队官僚机构的扩张。

亚当·斯密在关于中国的几个讨论中，对"事物的自然发展趋势"进行过分析，这种趋势主要源于人类的精力、创造力、对利润的渴望，以及将生产过程细分成较小的专业领域（劳动分工）所带来的经济利益。事实上，通过自由贸易在国际层面上进行的劳动分工常会遭到阻碍。亚当·斯密观察到，在他所处的18世纪中叶，世界上的许多国家，如西班牙、意大利、法国、德国、奥斯曼帝国、印度都陷入了伊懋可所说的"高水平均衡陷阱"。

这些国家或文明都没有变得更富有，在大多数情况下，他们的经济都在衰退。只有英国，以及这些小国的经济仍在增长。中国已经触及了经济发展的天花板。亚当·斯密指出，虽然中国没有像南欧那样衰落，但很明显，他那个时代的中国与马可·波罗及其同时代人所描述的中国（14世纪初的中国）相比，几乎没有任何进步。

亚当·斯密对于中国的发展停滞，提出了一些原因。其中最重要的原因是，彼时的中国将自己与国际贸易和联系隔绝开来，由此变成了内向型国家，同时将改革需求和竞争冲击都拒之门外。它还有一个保守的官僚系统，这个系统对经济活动不感兴趣。对传统农业的高度重视还阻碍了工业技术的发展，同时导致中国的人口过剩。中国的城市并不像相对独立的欧洲城市那样容易产生变革。这也是影响中国发展进步的另一个重要因素。

亚当·斯密就其提出的富裕的三个先决条件，认为中国的法律制度远非"可以容忍的"，民法不存在，对财产没有保护，法律体系与行政体系不分离，法律程序武断，刑法相当残酷；税收制度非常羸弱，除非通过强制手段，否则国家无法筹集资金。此外，那时中国货币系统的效率非常低下，银行体系并不健全。

从1911年中国的封建王朝结束，到军阀混战和日本全面侵华的这段短暂的时间，有些仁人志士为解决其中的一些社会问题做了一些尝试。然而，从20世纪20年代后期到1949年，中国经历了战争年代，经济基础基本崩溃。

在1949—1978年的社会主义建设时期，中国克服来自外部和内部的威胁。在这段时期内，中国的国内生产总值有了增长。从1978年开始中国小心翼翼地逐步将自身这艘满载着勤劳、具有创业精神、理性的人们的大船转向以发展为核心。在深圳和其他一些城市，中国政府设置了"特区"，鼓励对外贸易、外国投资和引进外国专家。银行系统得以建立，之后股票交易也开始了。同时，政府鼓励发展教育，各级学校开始重新开办，并扩大招生。

1978年以来的其他重要措施包括扩大政府支出，以拉动经济增长。吸引世界各地人才、企业家和外资也是重要的政策。民众的生活质量，在健康、教育和工资方面的改善也是中国经济快速发展的一个重要原因。

西方17世纪的科学革命对中国的影响不仅仅在于机械化，在农业、通信和工业文明方面，以及金融和法律方面也产生了很大影响。亚当·斯密在劳动分工和贸易中看到的巨大力量被补充到"摩尔定律"的影响中，即发明、创新和大规模生产的三角关系；这种力量如果能不受阻碍并得到科学技术的推动，可以使特定技术所能迸发的力量成倍增加。正如戈登·摩尔（Gordon Moore）最初在1965年提出"摩尔定律"时认为电脑的性能每年会增加一倍，而现在承载中华文明的"巨型电脑"的性能每九个月增加一倍。

中国强有力的指导和经济措施使这个国家得以转型，无论经历多么巨大的变革，都能平稳过渡。中国还逐渐淘汰了老旧和非生产性部门，为能够取得经济、社会效益的部门提供了巨大的基础设施支撑和巨大的政策支持。

在一个奇迹发生后（如中国的经济奇迹），我们会认为该奇迹既是必然会发生的，也不像想象中的那样难。然而，在它发生之前，鉴于世界其他地方的失败案例，我们往往认为它是不可能的。正如英国和日本的案例所显示的那样，一个国家要想腾飞，需要进行根本的、深刻的结构性改革，只进行技术甚至是经济上的改革远远不够。正如亚当·斯密为英国提出的建议，以及后来福泽谕吉为日本提出的建议，需要对文明的所有部分进行重塑和重新平衡，并将通常合并在一起的政治、经济、社会和意识形态各领域分离开来。

如果我们（指西方人）和中国人能够更好地理解中国独特的历史和文化内核，理解导致中国发展停滞和经济繁荣的背后动力——以前是唐朝和宋朝出现过的巨大繁荣，现在是1978年以来的40多年的再次繁荣，我们和中国人很有可能在此基础上继续前进。而且中国人会通过自己的努力，使这个世界更加和平、和谐和富裕，这正是他们现在在亚洲和非洲许多地方正在做的。

然而，由于西方国家过去一直对中国持怀疑态度且受到了一些误导，中国人的任务变得更加复杂。西方国家对于中国崛起的不同态度，以及拥有两种完全不同的世界观的人们逐步相互理解，使情况愈加复杂。在此，我将尝试澄清一些西方人对中国的误解，并解释为什么西方人如此难以理解中国，然后，我将从一个西方人的角度介绍我们眼中中国的一些关键特征。

3. 最为丰富、古老和 多样化的文明

要了解中国实属不易，即便对于中国人来说也是如此。中国不仅是个幅员辽阔的国家，同时也是个非常多样化的国家，其国土几乎从靠近寒带的区域延伸到了热带，且贯穿了数条大河和众多山脉。

中国也是一个极其古老的国家，拥有地球上最源远流长的文明，大致可以追溯到七千多年前。孔子以及他在两千五百多年前的教育理论，至今仍被认为是近乎现代化的。

中国由许多民族组成，共有五十六个民族。不同民族有着非常不同的风俗和文化。在如此大规模的群体中，我们或许也想知道如何才能进一步加深对他们的了解。

中国的领土面积大于美国；若将中国的版图附在欧洲的版图上面，中国的版图将覆盖整个西欧、东欧和俄罗斯西部，一直到乌拉尔山脉。我即将展开讨论的许多主题的各个方面，都受到了中国巨大版图的影响。

截至1911年，中国拥有四千多年的王朝历史。唐宋时期被认为是中国文化最鼎盛的时期。不过，中国其他时期的辉煌和成就也同样令人感到印象深刻。

自然地理和行政区划

中国幅员辽阔。

从自然地理上看，令人印象最深刻的是中国广袤的山地景观。巨大的喜马拉雅山脉延伸穿过中国的大部分地区，而在更远的东方，还有一些其他的重要山脉。实际上，中国陆地领土只有两个大的非山区地带，位于其东部和东北部。

流入中国东部海域的有三大河流。南面是珠江，它经过广州流入大海。过去，广州也被称为羊城。横贯中国中部的是长江。长江在从上海入海之前，流经南京。历史上，南京曾多次成为中国的首都。北面则是黄河，流入渤海。其他一些大江，如雅鲁藏布江、独龙江和澜沧江，都会流经中国，并且在流淌过很长一段时间后，才流入其他的邻国。

中国被划分为34个省级行政区。较大省份的面积相当于一个西欧国家的面积，例如四川和云南，其面积相当于法国和西班牙的面积。

巨大的差异性

中国由许多不同的民族组成，中国也有大量少数民族语言和方言。

中国在农业和气候上的差异性，相当于从北欧地区延展到北非地区的差异性，而且有几个少数民族的人口数量远远超过了希腊或葡萄牙的居民。

中国仿佛是一幅巨大的画卷，在一些其他因素的影响下，西方人要想了解中国变得愈发困难。

4. 无知与偏见

看中国

我们往往通过一系列被扭曲的"事实"来看待他人，然而我们并没有意识到。要将这些偏见的影响降到最低（我们永远无法完全消除这些偏见），唯一的办法就是让这些偏见浮出水面，意识到它们是什么，是什么导致了它们。西方人对中国人的一些根深蒂固的偏见值得研究。

曾有一幅漫画用章鱼的八条触角反映了西方人在19世纪后期对中国令人震惊的偏见。

第一条触角：廉价劳动力

自从西方国家从19世纪中叶开始正式接触中国，这一直是造成东西方之间关系紧张的核心误解之一。

英国人和美国人曾经走过的道路，尽管在生活水平和工作时间方面，在我们今天看来是骇人听闻的，特别是在种植园劳作的奴隶以及在矿井下和工厂里工作的工人的悲惨遭遇。但总的来说，西方人认为他们并不像中国人那样曾遭受过"极端压榨"。

在廉价劳动力这一点，西方人对中国人的偏见主要体现在两方面。其一，西方人认为中国人的愿望和需求非常少。西方人认为，历史上中国人习惯于挤在拥挤、便宜的房间里，饮食非常简单，主要是谷物和蔬菜，很少有肉，也没有乳制品。

因此，在西方人眼中，无论是在中国还是在他们移居的地方，中国人甚至可以比爱尔兰人生活得更加朴素。他们的最低工资低于其他所有人。

其二，他们认为中国人的工作非常辛苦，而且中国人可以从事许多不同形式的劳动。

这似乎是有道理的。我在考察日本时计算过，过去日本农民或劳工的平均工作时间几乎是欧洲人的两倍，中国人也是如此。即使在今天，正如我所看到的，中国学校里的孩子和我身边的朋友都非常努力地工作。此外，他们非常有才华，能够做许多不同的工作，他们务实、理性、专注、心灵手巧。

中国人的这两个"特点"意味着，无论是在19世纪后期他们开始移民到美国加利福尼亚州、墨西哥、澳大利亚和其他地方时，还是当他们留在中国并开始为欧洲市场制造商品时，他们都可以拉低西方的劳动力价格。如果没有最低工资标准和相关法规，人们就会意识到，中国人很快就会使西方劳工"失去工作"，特别是这种"失业"可能波及很多人。

这种由来已久的焦虑一直持续到今天。中国人进行机械化生产和开始发明新技术的速度使这种焦虑愈发严重。随着全球化的发展，西方的许多人感到制作精良、价格低廉的中国商品给他们带来了威胁，就像他们在30年前感到来自日本的威胁一样。

西方国家也曾借助其机械化的优势，大规模摧毁了第三世界国家的产业，例如印度的棉花产业，但这一事实常常会被遗忘。

当我们进入一个世界各地许多原来由蓝领和白领承担的工作都突然被机器取代的时代时，中国劳动力会成为西方更大的"威胁"，西方人很容易指责中国人"偷走了我们的工作"，即使大部分的"盗窃"实际上是由机器完成的。西方资本主义的两大核心需求之间存在着深刻的矛盾。一方面，人们制造商品时希望尽可能降低成本。因此西方国家需要使用廉价劳动力。另一方面，西方国家需要保护本国人口不会因此而失业，因为这会引发民众越来越强的愤怒情绪。

第二、第五和第七条触角：赌博和鸦片

第二条触角是"白鸽票"，这条触角和第七条触角"番摊"，都是历史上中国赌博游戏的名称。显然这些赌博游戏被当时的西方人认为是中国人"诱骗"西方人的手段。当然，英国人也热衷于赌博，但他们赌博的载体是马、狗和纸牌，所以他们发现中国的赌博是另一个有威胁的"他者"，尤指西方人"被迫卷入"了博弈游戏之中。

当然，另一个西方人对于中国人的批评，体现了西方人终极的伪善，是关于鸦片的。我通过查阅文献研究了中国人与鸦片，以及鸦片战争。事实上，英国人在19世纪对中国人的鸦片成瘾负有非常大的责任。

第三条触角

第三条触角是不道德。在欧洲，家庭体系建立在对性极为保守的态度之上。性和婚姻应该是"同义词"。当欧洲人遇到对此看法不同的国家时，他们感到既震惊又兴奋。

西方人的虚伪和性别歧视是众所周知的，不必赘述。在远离欧洲的海外，这种现象最为明显，西方人在谴责当地人所谓的"淫乱"的同时，自己又经常光顾妓院。显然，这是西方人的一个巨大的焦虑来源，特别是担心它会对欧洲的一夫一妻制造成冲击，尤其当时许多白人男性长期生活在远离他们妻子和家庭的地方。

在基督教教义中，性与罪并未被联系起来。虽然中国人和日本人在许多方面都是相当保守和禁欲的民族，但他们视性为一种自然的身体功能，就像吃饭或排便一样。很明显，它也需要被约束和控制。然而，在性的方面不约束自己并不是犯罪，而是道德上的问题，不是"上帝会惩罚你"，而是别人会批评你。

第四条触角：疾病

第四条触角一般指的是"天花、伤寒"，这两种疾病在孩子身上较为常见。这提醒我们，造成东西方之间冲突的另一个原因是西方人关于健康问题的焦虑。这主要体现在两个方面。

首先，是西方人对于疾病本身的焦虑。直到19世纪初，英国人一直深受天花之苦，而伤寒在19世纪中期之前一直是欧洲城市中的一个致命杀手。然而，总的来说，英国人越来越觉得他们所在的国家比中国的疾病少。黑死病在1665年后在英国消失了，但之后又在中国卷土重来。从18世纪下半叶开始，疟疾在英格兰和苏格兰的大部分地区迅速消失了；痢疾也在迅速减少，尽管它在英国从来都不是很严重。

然而，当他们到达中国时，西方人发现所有这些疾病都很猖獗，再加上其他疾病，如血吸虫病、登革热和霍乱，当然也包括鼠疫。

其次，有些西方人觉得他们对疾病的认识和治疗手段是基于古希腊医学、文艺复兴时期的科学发现的，并且他们从17世纪晚期就开始使用显微镜检查疾病媒介物，自以为这要比中国人的医学先进。因此，西方人认为他们有一套先进的医学体系，包括手术、"水蛭疗法"、"放血"和送人去医院治疗。他们认为自己所有的治疗手段都优于中国的传统医药。而中药店里有犀牛角粉、熊胆，还有一抽屉奇怪的根茎和草药，似乎是一堆迷信的东西。

无论这两种医学传统与对方相比各自都有什么优点，它们显然相距甚远，而且相互无法理解。无论西方人在他们自己的国家遭遇了什么危险，他们都会觉得在中国更危险。这是东西方产生摩擦的另一个来源。

第六条触角：贿赂

历史上另一个造成东西方关系紧张的根源，一直持续到今天，即国家筹集资金的方式；而且在西方人看来，这对国家的"腐败"程度会产生很大的影响。

英国人在历史上很早就建立了税收系统。通过这个系统，政府能有效筹集资金来支付那些必需的开支。没有常备军，没有庞大的官僚机构，在一个权力下放的系统中，大部分的社会管理工作是由乡绅阶层无偿完成的（作为他们的财富能够得以保障的回报），或由地方一级的相关人员无偿完成的。那些负责众多地方管理事务（维护秩序、司法、教育、地方通信）的人，不必利用他们的职位来为自己牟利。

中国属于更大一类国家，例如奥斯曼帝国或西班牙帝国、18世纪的法国或印度莫卧儿帝国，在这些国家，国家将收税的职责分配到地方政府，官员则要依靠他们在地方上的权力来为自己获得维持生活的收入。

这种制度从19世纪起就受到西方人的诟病，被称为"压榨"的一部分。换句话说，有权有势的人将从他们下面的人那里榨取或压榨财富来维持自己的生活，而被他们压榨的人反过来也会压榨他们下面的人。这是一种层层压榨的系统。

我记得几年前有人就印度的情况向我解释过这个系统，据说在那里"压榨"是无孔不入的。一个街头小贩会被巡逻的警察"压榨"。这个小警察会把一部分从小贩那里榨取的钱转交给他的上级；然后他的上级会把一部分从小警察那里榨取的钱转给他的顶头上司，后者会把一部分钱转交给当地的政府首脑；当地的政府首脑又会把一部分钱转给地区的政府首脑，一直到把一箱箱卢比留在部长办公室。

对不习惯这个系统的人来说，这似乎是一个滋生"腐败"的巨大温床，一个权钱交易的"黑色经济链条"。如果不支付费用，事情就不可能办成。

几个世纪以来，西方人一直对"压榨"感到不满。正如他们对于印度人的态度那样，他们也会指责中国人。毫无疑问，中国人也可以指出，现在许多西方国家通过财富购买政治权力的方式可能有所不同，但同样是腐败。

第八条触角：关税

中国人对关税的态度，或者放大一点来说，中国人对于贸易的态度，特别有趣：因为它是当下某些西方国家和中国之间紧张关系的最突出的表现。在英国和美国的鼎盛时期，他们宣称所有国家都应该对英国和美国的商品和服务自由开放。可能会有关税，尽管这些关税应该是最低限度的；但它们基本上奉行亚当·斯密反对保护主义的学说。贸易被认为是互惠互利的，不应设置强大的障碍。"看不见的手"会调节这个系统，自然竞争会确保适者生存。

在亚当·斯密的学说出现之前的几千年里，中国人一直是伟大的商人，但贸易模式与西方是相当不同的。中国人要么是依靠陆上和海上丝绸之路的中间商做贸易，要么是依靠中国内陆的巨大河流、运河网络以及中国的陆路运输系统进行贸易往来。当中国境内的货物通过一个地区时，商人都要缴纳少量的厘金（向当地政府支付通行费）。在古代，中国人从来没有允许外国人直接参与中国的内陆贸易，甚至在中国的沿海地区也是这样。

当帝国主义列强要求开放中国的港口和水路运输系统时，双方发生了激烈的冲突。这种情况一直持续到今天，特别是当美国要求中国"开放"，而中国坚持其主权时。现在情况变得更加奇怪，因为现在是中国人——他们的货物占主导地位，希望展开自由和开放的贸易，而西方却处于守势，试图设置关税壁垒。

其他偏见与西方的"解决方案"

中国人大胆地站出来反对英国人向中国非法出售鸦片的做法，被英国人用作发动鸦片战争的借口，导致西方国家对"危险的中国龙"进行报复的呼声日益高涨。

当然，摆在西方国家面前的问题是如何应对这一威胁。当时的中国显然正在崩溃，就像奥斯曼土耳其帝国以及后来的莫卧儿帝国一样。这两个以前的大帝国都被西方削弱、肢解、摧毁了。西方列强认为，也许是时候对中国采取同样的做法了。

中国越来越被西方列强视为一个"孱弱的帝国"，一个要被瓜分的蛋糕。西方列强再也不能从中国那里学到任何东西了，而是要把它置于西方的"照顾和保护"之下。中国人民很善良，当然也很勤奋。但这个帝国系统是个"烂摊子"，西方"动手"的时机已经成熟。

西方肢解中国的背后诱因是经济利益。中国被视为一个巨大的、内涵丰富的、经过几千年培育出来的"巨蛋"，当时已经准备好让西方"孵化和利用"了。问题在于中国的规模太大了。

西方列强采取的解决方案是建立"势力范围"，西方列强都可以在其中发展自己的利益。到1910年，瓜分中国的行动正在进行中，西方列强都在中国建立自己的"势力范围"。

这些西方国家早期对于中国的焦虑和偏见主要源自1820年至1940年。然而，它们只是两个完全不同的文明相互碰撞时自然产生的一系列剧烈的"症状"——相互误解。值得进一步澄清的是，我们应该简要地概述一下东西方之间相互不理解的其他原因。

5. 误解

了解中国的一个相当大的障碍是，大多数西方人，包括我自己都对这个伟大文明的真实情况了解甚少，直到2002年我才开始认真地对中国进行了解。大多数西方人所了解的中国是通过新闻、电影、电视和现在的互联网"过滤"出来的，往往对中国有偏见。其结果是，无知中夹杂着偏见和被扭曲的错误信息。要消除这些影响是很困难的。我只能从我自己的情况说起。

西方媒体通常接受中国有相当大的物质增长，承认这在很大程度上促成了过去20年地球上绝对贫困人口数量的下降。然而，对这一非凡成就的赞美通常会收到另一种警告——中国的破坏力与它的创造力一样大。

我们被告知，中国在实现经济增长的同时带来了巨大的生态破坏；我们被告知，工业的迅速发展已经造就了一些地球上污染非常严重的城市。人们经常断言，森林正在迅速被破坏，水资源正变得越来越少。

我们被告知，不平等现象日益严重。富人迅速变得更富有，即使穷人的生活和地位同样有所改善。我们被告知，中国较富裕的城市居民和农村农民之间的生活差距越来越大，这非常危险。

最重要的是，中国人曾被西方人误解为对动物（尤其是熊）很残忍，吃狗、猫和老鼠，等等。经过西方媒体的渲染，中国人常常在西方人眼中有一些负面形象。

坦率地说，作为"自由媒体"的西方消费者，我在去中国之前，接受了其中的大部分内容。我啧啧称奇，悲伤地叹息。

一些造成相互不理解的深层原因主要包括以下几点。

信仰

第一个造成双方产生误解的因素与信仰有关。从16世纪末耶稣会传教士来到中国开始，西方人就通过一神论和排他性的视角看待中国。他们基本将中国人划分为"得救者"和"被诅咒者"。无论这些传教士，特别是利玛窦，多么小心翼翼和富有同情心，他们最终都认为自己是在试图改变异教徒。

不宽容的态度始终存在，在19世纪的福音派时期最为明显。一些基督教传教士从西方的支持者那里获得了资金，他们相信这些钱将用于"转化异教徒"。他们认为，中国人是偶像崇拜者、是"异教徒"、是被"诅咒和被蒙蔽"的，只有基督徒才能拯救他们。

西方人的这样一种基本观点一直以某种形式延续到今天，现在甚至更加根深蒂固，原因是：大多数中国人是无神论者，他们似乎没有西方人所理解的宗教信仰。

中国的广大民众似乎完全游离于宗教信仰之外。

种族

第二个造成东西方相互不理解的问题是种族问题。几百年来，欧洲和美国的高加索白人在处理种族问题上有很大的困难——主要是通过一个人的皮肤颜色来评判他。很简单，皮肤（和眼睛）颜色越浅，你就越纯净。

我们都知道西方这种种族主义产生的长久影响，特别是它在整个漫长的奴隶制时期所制造的恐怖。然而，它是如此无孔不入，以至于人们很容易察觉到它就在我们身边。

逆种族主义的潮流随着时间的推移时而高涨，时而低落。例如，直到1800年左右，在印度的英国人在许多方面都认为印度人与他们是平等的。他们中的一些人娶了印度妻子，并把他们的孩子送到英国接受教育，然后再让他们的孩子回到印度，在东印度公司工作。所有这些都在18世纪90年代停止了。随后，一种类似于种姓制度的种族隔离开始出现，当地人被认为在种族上处于劣势，双方的通婚于是停止了。这种种族主义的优越感一直持续到1947年——印度独立。

与中国有关的情况似乎也是如此。早期的来访者，从马可·波罗到耶稣会士，一直到18世纪末，西方人都没有觉得黄色皮肤会使人低人一等。然后，在中国发生了与印度相同的变化。

社会达尔文主义和人类进化理论赋予了"不同种族之间存在优劣之分"这一主张额外的，但不科学的地位——不同种族根据肤色从低到高被分成了不同等级。

种族歧视和宗教不宽容程度的变化反映了东西方力量对比的变化。只要中国是地球上最富有和最强大的国家，也就是到1820年左右，就没有多少极端偏见和不宽容的迹象。从马可·波罗开始，直到大约18世纪末，西方人对中国的描述各不相同，既有印象深刻、充满敬畏的描述，也有仍将中国视为最强大国家的观点，即使它的发展速度似乎有所放缓。

然后，力量对比的天平开始倾斜，在1840年英国人在第一次鸦片战争中击败了中国人之后，西方人很快就认为中国人在种族上低于他们，在技术上是落后的，在智力上是迟钝的。这一观点与19世纪中叶生物学、社会学、人类学中的"进化理论"是密不可分的，这一观点一直持续到第一次世界大战。

日本的崛起使人们更难继续相信黄种人和他们的宗教以及儒家文化是劣等的，直到日本人在第二次世界大战中"失去人性"。然而，中国近代持续衰弱和分裂，饥荒和来自西方和日本的侵略，对这个国家造成沉重负担和巨大损失。直到中华人民共和国成立，中国才得以抵御住外来侵略。但在之后的一段时间，中国仍被西方人认为是一个工业落后、文化封闭的国家；中国人在海外的形象并没有改善。

性别

第三，东西方在性别关系的认知上也有很大的冲突。中国人与历史上几乎所有的文明都是一致的，从埃及和罗马，到伊斯兰教和印度教；一直到现在，很多文明都认为男人和女人从一出生就不平等。男人在各方面都很优越，而女人常常受到严格的限制。

妇女在身体上被束缚住，用衣服遮住自己的手脚甚至是脸。在中国古代的某些时期，女孩的脚在童年时就被折断和捆绑，裹脚使她们一生都在痛苦中蹒跚前行。妇女没有独立的法律权利。人们认为这是伦理秩序，是不容置疑的。

几个世纪以来，英国人一直认为女人和男人在上帝面前是平等的，在法律上也是平等的（与丈夫的关系除外）；她们拥有独立的财产权，甚至可以对抗丈夫、子女和父母。她

们也可以自由选择结婚对象。因此，他们发现中国的情况令
人震惊。

中国人则相反，对英国妇女的自由和独立感到震惊。她
们"大胆"的服装和举止使人很容易将她们的某些行为误解
为性暗示。这可能会导致悲剧性的误解。

傲慢

第四个导致东西方冲突的根源似乎有些难以把握，但非
常重要，这就是中国人和西方人的傲慢和自大。当西方开始
向亚洲扩张并占领了印度和东南亚的大部分地区时，它发现
自己所面对的中国是一个古老而伟大的文明，而不是一个向
"强大的西方"磕头的弱国。起初，中国要求外国大使和其
他人向中国的皇帝和他的大臣磕头。

古代中国一直是"中央王朝"，周围是一些需要向其称
臣的小国及附属国。中国在亚洲拥有最大的文化影响力，
以及军事和经济实力。中国希望强调这一点，并保持这种
状态。

随着19世纪权力平衡的转变，在中国人眼中，西方人的
傲慢在增长；而在西方人的眼中，中国人的保守与妄想也在
增长。要推翻中国两千年的霸主地位并不容易。就像我们今
天看到的那样，西方突然意识到，仅仅两百年后，它就不再

是这个世界无可争议的统治者了。

毋庸置疑，当时的中国人被部分地蒙蔽了。由于他们的悠久历史和自豪感，他们很长时间内自以为中国是"天朝上国"，并非常执着于这一观念。毫无疑问，这曾经是一个诱发冲突的原因。令人惊讶的是，西方在过去两百年里对中国的侵略在很大程度上被西方忽视了，但这种紧张关系一定还在那里，随时会浮现出来。

对抗与和谐

第五个导致双方产生误解的原因在于东西方在生活哲学上的基本差异，这种差异在西方国家和中国的许多特征中都有外在表现——游戏、政治、法律和其他方面。西方的社会传统以对抗性为鲜明特征，尤其是在英语文化圈（英国和它的殖民地）；而中国的社会文化传统以和谐、妥协为基本前提，最明显的是儒家文化，但这一点在佛教和道教中也有体现。

如果你看看英国律师指控、辩护和争论的方式，或者英国议会中人们咄咄逼人的态度，你就会发现这些都体现了英国文化的对抗性特征。这种特征也体现在橄榄球、足球或拳击等身体对抗性强的体育竞技中，以及通过争论和辩论的方式进行的教学方法中。而英国幽默往往是直接和充满讽刺意味的。在英国绅士的传统消遣中，打猎、射击和钓鱼都很好地证明了这一特点。它们都表明了一种好战的、对抗的、咄咄逼人的、赢家通吃的、失败者就是失败者的态度。

中国在传统上是相反的。官员们不打橄榄球，不会拳击。他们并未通过与老师或同学争论的方式来接受儒家文化教育。孔子强调平衡、和谐和相互尊重。这一点与中国自古以来的社会文化传统没有什么不同。

历史上的结果是，西方人，特别是在他们在战争中取得优势后，开始认为中国人是弱者。中国人被认为是被动的、没有男子气概的。同时，中国人仍然认为侵略他们的西方人是野蛮人，用暴力来征服其他民族。中国人认为西方人不讲究、粗野、有对抗性。西方人准备通过忽视和无礼来损害他人宝贵的"面子"或公众声誉。

中国人最看重的是智慧和教育，他们热爱诗歌、音乐、绘画和书法。他们是那种在英国学校里会被称为"书呆子"的学者。中国人认为他们的侵略者没有文化，对生活中的高级事物不感兴趣。双方都有足够的理由来继续误解和厌恶彼此。

食物

第六个造成东西方不能相互容忍的领域是一个文明中最核心的文化标志，在中国尤其重要，即食物。其实，英国人几个世纪以来一直鄙视他们在欧洲大陆的邻居。一是因为他们似乎主要以蔬菜而不是红肉为生，二是因为当他们吃肉时，他们会吃各种被英国人列为不可食用的食物，最有名的是法国人吃青蛙和马肉的习惯。

当英国人遇到中国人时，他们发现中国人比法国人更甚。大多数人不仅以蔬菜为食，还有大米或小米，没有"健康"的面包或肉类，甚至没有奶酪；而且当他们吃肉时，似乎什么都吃。在北方，他们吃马、驴子、骡子、骆驼；在南方，他们吃蛇和啮齿类动物。

就中国人而言，英国人对水煮食品（而不是更好吃的油炸食品）过于热衷。他们吃的肉太多，吃的米太少，而且使用的调味品也太少。他们的饮食很乏味，而且因为他们吃肉太多所以体味很重。事实上，在中国人眼中，西方人是贪婪、浪费、发臭的肉食者，他们进行大规模屠杀。

刑罚

第七个令双方产生误解的领域涉及刑罚。英国人有施以严厉刑罚的传统——鞭打、致残、绞刑和驱逐出境。然而，他们并没有使用他们在中国看到的某些残酷肉刑。因此，中国古代的法律制度令许多西方人感到震惊和厌恶，因为它似乎把人当成了动物，甚至更糟。

与印度人一样，中国人也对西方的监禁传统感到震惊。把一个人关在监狱里多年，没有人际交往，特别是远离他们的家人，不仅是比死亡更糟糕的命运，而且是极其浪费社会资源和代价昂贵的做法。如果犯人不劳动，谁来养活他？中国人对罪行较轻的犯人的惩罚是流放，或者是带枷（套在脖子上的木制刑具）流放，这使罪犯被逐出正常的社会，但不需要付出任何代价，并允许罪犯与他的伙伴们继续保持基本联系。在中国人眼里，这是更人性化的做法。

财产

第八个令双方产生误解的因素是，中国和英国对财产的态度存在着不同。私有财产，即个人对货物、土地和企业具有完全支配的权利，在多数情况下被奉为英国文明的核心。这一制度可以防止一部分统治者滥用权力。从《大宪章》开始的英国法律，以及英国哲学——最著名的是约翰·洛克的著作，都假定财产是神圣的。

中国古代从来没有这样的传统，皇帝或地方当权者，以及其父母和更广泛的宗族成员，可以而且确实没收过个人的货物和土地。人们受制于强权，被征发到军队中或成为建造长城或开发运河的劳工。

这是东西方更广泛差异的一部分，可以看出，英国人已经发展出了一个极其复杂的民法和民事法庭系统来支持其经济体系的运行。这在过去的中国几乎完全没有，而且在过去的四十多年里才真正开始在中国出现。

因此，英国人认为中国人落后，并要求他们在中国的国民只对英国法律负责——所谓的治外法权。其他入侵中国的国家也要求拥有这一特权，这一要求在19世纪和20世纪初在中国人中引起了很大争议。

黑帮和犯罪

西方人对中国人有误解的第九个原因，也是刻板印象的一部分，是传统中国盛行的秘密社团，特别是犯罪网络。事实上，所有的农业社会，只要是处于衰退或过度扩张阶段的国家，都有大量的秘密犯罪组织。这些组织掌管着生活中的许多黑色和灰色领域，并经常与国家的某些部门勾结。

英国人来自一个小岛，在那里，英国政府在许多世纪以来都在与大多数有组织的犯罪做斗争。当然，英国也有一些小规模的走私和强盗组织。然而，这些组织都不能与真正的大型犯罪网络集团相提并论，这些犯罪网络往往具有类似家庭的组织关系，是基于"荣誉"和秘密建立的，具有令人印象深刻的入会仪式。这些人收取保护费，从事赌博、卖淫、贩毒和走私活动。他们"创立"了一个国中之国。

保守主义和进步

第十个令双方产生误解的地方与所谓的保守主义和进步有关。中国在变化，但又保持不变。若是用一棵树来比喻，它遭受了巨大的灾难，这些灾难切断了地面上的树干，却没有改变树根，所以树干又以同样的形态重新生长出来。它拥有辽阔的疆土，但又面临着瓦解和混乱的危险，以及饥饿和暴力所带来的长期不安全感；因此，人们非常强调规避风险，即实践中的保守主义。

新事物是危险的。延续祖先的做法是最明智的。在19世纪和20世纪上半叶的西方人眼中，中国顽强地保存着自己的语言、祖先的传统、家庭和哲学，似乎是一个非常落后的文明——尽管这样的观察者也同样会对过去40多年中国的快速发展感到惊讶。

英国和美国的传统则不同。英国作为一个岛国，其政治和经济形势一直比较稳定。有了充分的法律、社会和经济保障，人们可以更有冒险精神，愿意承担风险，进行试验。美国也一直是一个动荡较少的地方。

英美体系是灵活的，而且在很大程度上是具有前瞻性的。美国着眼于未来。在英国，旧的东西被推崇并保留下来，但也有不断的演变。英国社会中的方方面面，议会、法律、经济、教会、大学、农业、制造业、通信，都在被不断地一点一点地修正。其效果是某些核心价值得以深度延续；

但人们会突然发现，在他们没有注意到的情况下，已经发生了很大的变化。这种变化造成的冲击和压力较小，因为它是渐进的、不断演进的。

在过去的两个世纪里，当这两种变革模式相遇时，人们相互批评。英国人反对中国人顽固的保守主义。他们为什么不建造铁路、工厂和矿山，不进口西方商品，不建立一个包括邮局在内的完善的通信系统，不改革他们的法律？中国人反对不断的批评，反对别人对自己施压，冒着风险对一个已经运行得很好的系统进行改变；这个系统是他们唯一已知的保护系统，可以抵御反复出现的灾难与威胁。

奇怪的是，现在情况有些逆转了。许多中国人对创新、新技术和实验充满了兴趣。主要是西方老牌工业国家的工人感到自己受到了威胁，他们希望保留或重新使用老的制造和能源技术，以减缓技术变革对自己的冲击，而这些变革现在大多来自中国。

民主主义

第十一个让东西方产生摩擦的原因出现在东西方相遇的早期。孟德斯鸠是英国自由制度的热情倡导者，他在18世纪上半叶对当代法国专制主义的批判中指出，中国和当时欧洲大陆的大多数国家一样，是专制主义国家，对皇帝的权力没有任何制约。在高度集中的系统中，所有的权力和权威都来自皇帝。孟德斯鸠认为，英国在议会和国王之间形成了权力平衡，拥有一个独立的法律体系，并将宗教与政治分开。

尽管许多欧洲国家在20世纪30年代出现了法西斯主义，但在19世纪的某些阶段，它们都拥护民主代议制。因此，当来自欧洲和美国的人们访问中国时，他们对皇帝长期的专制统治提出了强烈的批评。

长期以来，英美国家一直鼓励"民主"；如果可能的话，也要在所有其他国家实行这种制度。即使在英美国家，这种西式民主仍然建立在非常有限的代表基础上——妇女和黑人在大部分时间内被排除在外——这是一种有限的民主。

但中国人也发现，西方民主制度有利有弊。许多人希望实现更有效的权力制衡，但许多人也认识到，在试图代表和凝聚14亿人的过程中，17世纪和18世纪为适应约500万人口的小岛而发展起来的那种"民主"，可能并非完全可取。

那些主张"自由"和"人们可以发声"的人与主张秩序、效率和凝聚力的人之间的争论仍在继续。最后的结果如何，显然目前无法说清。

其他烦扰

当然，有许多文化差异会引起摩擦。在对待吐痰、打嗝、上厕所的态度上东西方存在着根本性的差异，这些都是东西方对于所谓洁净和不洁的一般态度的一些体现。因此，西方人，特别是更加挑剔的荷兰人以及一些英国人，开始把历史上最优雅和最自律的文明之一描绘成一团污秽和混乱。

此外，还有许多细微的差异导致了误解和恼怒。在西方的部分地区，可以直接如实回答问题，即使这可能不是特别符合提问者的喜好。但中国人有时却因为"没有如实回答"获得了"骗子"的坏名声，或者说是欺骗。因为他们回答的是他们认为最好的答案，符合社会关系的。

还有一个令人恼火的原因是空间问题。英国人在传统上重视隐私，他们喜欢独处，或者安全地把自己"锁在"他们的家里，那是他们的"城堡"。然而，正如我在尼泊尔的一个靠近中国的山地社会生活时发现的那样，人们喜欢在一起。房子是开放的，晚上和其他人挤在一起，那里的人都很有趣，似乎没有什么私人空间的概念。我们发现这种现象非常令人疲惫，我想许多去中国的西方人也有同样的感觉。同时，中国人会因为西方人把自己封闭起来而感到沮丧和受伤，这让这些外国人显得冷漠和不友好，傲慢且不信任本地人。

我的任务

上面的很多叙述都是基于1820—1978年左右西方人对中

国人的印象。然而，这段历史影响着我们今天。目前西方人对中国的焦虑仍源自对中国的刻板印象。

几乎所有宣扬不实观点的人都没有去过中国；就算他们去过，也只是在大城市的豪华酒店里待了几个星期。所以他们对这个地方知之甚少，对它的运作方式了解有限，对它的历史或文化也不太感兴趣。

无知和恐惧，再加上半遮半掩的政治和经济竞争，是形成这种舆论导向的重要背景特征。我每天都为我看到的大量错误信息和极端的偏见感到震惊，甚至在所谓的知名媒体，如英国广播公司或较大的英国报纸和期刊中也是如此。

作为一名学者，我能够为刺破这种偏见和焦虑的"泡沫"作出的唯一贡献，就是解释一下中国的实际运作情况，因为我通过大量的旅行、谈话、交友以及阅读大量书籍对中国历史和文化进行研究，从而对中国的真实情况有了一些了解。我需要做的第一件事是通过访问中国和与人交谈来加深对中国的了解，然后多次重复这种做法。

6. 为什么中国如此容易理解却又难以理解

当我试图消化我们在中国的所有所见所闻，试图通过剑桥大学的项目在中西方之间建立相互了解的桥梁，以及广泛阅读有关中国的引人入胜的文献时，我发现我面临一个奇怪的问题。

至少对我来说，中国的问题一直都太明显、太简单了。真正难以解决的文化问题不是复杂的问题，而是简单的问题。中国的模式在几千年前就已经奠定了。它就像银杏树一样，是一种"活化石"，具有非常基本的结构。如果我们能把握住这一点，相关的问题就能够理解了，然而发现这一点并不容易，本书的目的之一就是要揭示这一点。

几年来，我一直看不到这种基本模式；因为我认为，为了保持其文化的连贯性，并在历史的长河中和广袤的领土上一直存在下去，中国必须是一个非常复杂的有机体。我现在发现，事实上，正是它的简单性，包括大一统的国家和儒家思想，使它具有连贯性和力量。它的文化是由阴阳对立统一思想和由一些最简单的思想向各个方向所延伸出来的分支所支撑的。

就中国的每一个核心特征而言，都有一种优雅的简单性和可理解性。它不像最近的西方文明那样矛盾和混乱。它是一个古老的文明，它的力量和持久性基于这样一个事实，即它保留了一些非常基本但强大的特征。其中每一个特征都很容易解释。

了解中国之所以这样困难是因为，通过对中国进行研究我们发现，其简单结构中的每一项元素，都与像我这样的西方人所习惯的完全不同。因此，我面临着与哲学家戴维·休谟相同的困境。休谟很久以前就指出，"如果把一个物体放在一个有很强逻辑推理能力和各种才能的人面前，如果这个物体对他来说是完全陌生的，即使他对这个事物进行精确的观察和研究，也不能发现与之相关的因果关系"。

中国把我的世界观颠覆了，几乎颠覆了我认为是不言而喻的一切。基本的公理和文化模式，它的文化与我的整个成长过程所受到的教育和自希腊以来的西方思想传统完全不同。我只用一两个核心特征来说明这一点，在每一种情况下，我都会提到一项调查的结论，这项调查是在正文中的一些标题下进行的，比较全面。

中国的第一个特点是其语言以极其简单而闻名，是地球上所有文明中"最简单"的。对我来说，它似乎是一个近乎

"幼稚"的图片系统，与世界上其他地区以字母体系为核心构成要素的语言都不同。它在形式和结构上再简单不过了。然而，它对我来说几乎是完全不可理解的。我发现很难想象我如何能用汉语来表达语义。从我的背景来看，即使我知道它非常简单并能描述它的特点，也很难把握它。

中国的第二个特点是其社会等级排序方式与其他地方不同。按照欧洲的传统，社会中大致有四个等级，统治者、神职人员和知识分子、资产阶级、农民。英国的情况有些不同，但基本上按照社会分工将人们分成不同群体——士兵、商人、教士、教师、制造商、农民，所有这些人群都在一个包含三个阶层的阶级系统（上层、中层、下层）中。

几千年来，中国人有一个简单得多的结构。即统治阶级——皇帝和他的官僚（吏）——和其他人；尽管在理论上，社会被分为官僚，农民，工人和商人（士、农、工、商）四个等级。中国不存在士兵、军事权贵、骑士阶层。绝大多数人口在农村和城市之间流动。这样的社会结构很简单，但从我的背景来看，要想象自己处在一个没有明确阶级、种姓或等级的世界里并不容易。

中国的第三个特点在于其传统的权力体系——至今仍以其他形式存在着，也是再简单不过了。所有的决策都在一个指挥系统中上传下达，从个人，到村庄，到镇，到县，再到省，最后到中央行政机构。没有制衡体系，没有独立的指挥系统，这种令人难以置信的简单的权力体系，将这个庞大的帝国维系在一起。然而，我所在的欧洲的权力体系是一个由王室、教会、贵族、乡绅、商人、农场主和自耕农等人群构成的制衡体系，我发现像中国这样如此单一的权力体系对我来说是难以想象的。

中国的第四个特点是关乎个人理念的。我从小就认为自己是自己的主人。我有与生俱来的权利和义务，我可以自己决定如何生活和思考。我自己的生活和救赎的意义在于我的内心。我应该对别人体贴；但是，我的一切都应由我做主。

随着我对中国的了解，我意识到，它与我所在的西方文明是完全不同的。该文明体系的基本构成元素不是个人，而是两个人之间的关系。这在儒家思想中尤为明显，它强调的是人际关系：君对臣、父亲对儿子、丈夫对妻子、长辈对晚辈、朋友对朋友。因此，除了与其他人的关系之外，个人的存在没有任何意义。单纯的个人是没有意义的。正如禅宗所说，一个人自己就像一只手拍打的声音。一个人，或者说中国的任何实体，都不能独立存在；没有阳就没有阴，没有白天就没有黑夜，没有右就没有左。一切都是关系性的，其存在的意义在于关系。

这很简单，但作为一个来自以个人为基础的文明的人，理解人类学家所说的这种"结构性"文明，是一个巨大的情感和精神上的飞跃。

中国的第五个特点在于宗教层面。我所在的欧洲奉行一神论。即使我不信教，不去教堂，我的生活也间接地浸透在宗教中。我从小就认为，"宗教"是一堆关于生与死的起源和目的的仪式、教条、伦理和信仰。我花了很多年才明白这一点，但对我来说这就是"宗教"。很长时间以来，我认为世界上的每一个文明和社会都有这种宗教，即使其特征和内容非常不同。

当我开始研究中国时，我发现一切都要简单得多。根据我个人的理解，中国根本没有西方意义上的宗教，实际上原来的汉语中也没有西方意义上的"宗教"一词。中国有许多仪式，但很少有教条。中国有一种独特的哲学（儒家思想）、一套万物有灵论的仪式和信仰（道教）以及一种独特的佛教流派。

正如我将在下面解释的那样，我们在中国遇到的几乎所有事情都遵循这种对比，即最简单又最难让外人掌握。其他的例子有：我通过父系和母系的血缘来追溯我的血统；而中国的方法简单得多，只通过父系来追溯。再比如，欧洲至少从文艺复兴时期起就区分了视觉艺术和听觉艺术，区分了绘画和写作；而在中国，琴棋书画是一体的。

当我开始欣赏中国的简单结构时，我开始想，中国会非常容易理解。它建立在一个非常有逻辑的、简单的结构上，应该很容易理解，就像托克维尔根据几条简单的路径（平等、个人主义、自由、博爱）来读懂美国一样。我认为我可以对中国做同样的事情，并且可以避免追溯每条路径的根源的噩梦，托克维尔认为这是理解英国（以及我眼中的日本）

的困难所在。

然而，虽然美国的原则对托克维尔来说是可以理解的，因为这些原则已经存在于他自己的背景中，事实上法国大革命也是以这些原则为基础的，但中国的原则没有一条是我能依据我在英国的经验所能理解的。我最终惊喜地发现，中国的结构既不复杂（各种元素相互矛盾又曲折交织，像日本和英国），也不像美国的结构那样简单和对称。那么，当我们知道中国的那些简单的原则究竟是什么时，我们会理解它们吗？

这些哲学困境非常重要，值得我们以稍微不同的方式重新陈述它们。维特根斯坦曾经这样描述过哲学的困境。人类就像苍蝇，在一个玻璃瓶里嗡嗡乱飞。我们看不到狭窄的出路（瓶口），毫无疑问，我们对有一个看不见的障碍物这一事实感到困惑。哲学家的责任是让这个障碍变得可见。

这是一个很形象的比喻，使人注意到什么东西无形地包围和制约着我们的思想。这个"心理玻璃容器"是由许多东西组成的，比如我们从出生就学到的思维习惯和假设。语言是构成该"容器"的最重要的元素之一，因为它对我们可以思考、谈论和书写的内容设置了限制；在很大程度上，我们没有意识到它对我们的限制和赋能，正如维特根斯坦所认为的那样。

如果我们在语言的基础上再加上我们在成长过程中学习到的一系列其他概念，例如对与错的区分、时间和距离的概念、价值和金钱的概念、关于人性基本上是什么的概念，我们可以看到，我们被一个强大的意义网格或代码所包围，这个网格通常相互交错"捆绑"了我们的认知。这些认知在不同的文化中差异很大，并随时间而变化。它们限制了那些具有这些认知的人的思维，并且通常在很大程度上人们都没有发现这一点。

当我们试图在不同文化之间进行翻译时，会遇到下面这种情况。例如，像"婚姻"这样的词，在世界各地的社会中有着非常不同的含义。正如我们所看到的，"宗教"也是如此。其结果是，我们通常不可能将英语中的许多概念直接翻译成中文或日文，反之亦然。由于语境或背景不同，同样的词在不同的文化中就可能无法引起共鸣，所产生的联想也不同，相关意义也会在翻译中丢失。这在诗歌中展示的最为显著。不同文化语境不仅影响到语言，也影响到我们日常生活中的许多事情，从一个吻到一个微笑。

当然，我们每个人都倾向于认为我们自己的宇宙观和判断标准是正确和正常的，而其他人的那些，往好了说是奇怪的，往坏了说则是可笑、邪恶的。对于一个西方人来说，东方的标准令人迷惑。

然而我完全可以想象，一个研究过《圣经》的中国学者，很可能会发现它同样奇怪。它说，有一位看不见的上帝，在六天内创造了万物，他是全能的、全爱的，却允许蛇诱惑亚当和夏娃，使他们走向毁灭。而这位上帝如何允许他的独生子被钉在十字架上。这背后是一个不可言喻的奥秘，这位上帝由三部分组成，即圣父、圣子和圣灵三位一体，所有这些都是一系列非常奇怪的、有点令人难以理解的逻辑。

问题是我们是否有足够的精力、兴趣和想象力来跨越不同文化的鸿沟，从而了解另一个文化体系，这是一个令人兴奋而又艰难的旅程。然而，正如《老子》中所说的那样："千里之行，始于足下"。我将从字母A开始，一步一步地进行，直至Z。

了解中国的
A-Z

A

动物日历 Animal Calendar / 064

动物符号 Animal Symbols / 066

建筑 Architecture / 068

军队 Army / 071

动物日历
Animal Calendar

　　从小，我就被教导要按照基督教日历来计划自己的生活。我出生于1941年，1950年第一次上寄宿学校，1960年上大学，2009年退休。每一个年份都是根据所谓的基督诞辰日计算而来的。时间一分一秒地过去，没有任何的循环，这些抽象的数字与我的性格或命运之间也没有丝毫联系。

　　唯一一点联系是，我的出生月份表明我是射手座，而占星术又意味着我会因此具有某种个性。然而，我的出生年份并没有特别的意义。

　　当我在尼泊尔的少数民族古隆族（据说他们的祖先是中国人）聚居区进行实地考察时，我才领会到了有着悠久历史的十二生肖的重要性。中国的十二生肖如下（图4）：

　　每个人都知道自己的出生年份所对应的生肖，并且可以通过计算12的倍数来得知他们的年龄。

　　他们还知道属鼠的人性情会与属虎的人有所不同。因为

图4 十二生肖

有些年份比其他年份更吉祥，所以不同年份的出生率会由此出现上下波动。而且当你本命年来临时，你会对这一年的新年庆祝活动有一种特殊的喜悦。

人们会用一种特殊的方式来庆祝某些特别的年龄。在尼泊尔，一个人活到84岁时人们会为他举行一个特别的庆典仪式，因为7乘12得到的是格外吉祥的数字。同样在中国，60岁也是一个特别的年龄。

所有这一切使生命具有循环性，即岁月的循环。它会在人与动物之间建立一种象征性的联系，这给予了我从未感受过的亲切感。十二生肖有着比我所熟悉的星座更强大的感染力。

动物符号
Animal Symbols

英国人也有一些对他们来说具有特殊意义的动物，这些动物在民间传说和象征体系中非常重要。凯斯·托马斯（Keith Thomas）在他的经典著作《人与自然世界》（*Man and the Natural World*）中对此作了详细阐述。在众神兽之中，"兔人"是一种在夜晚能变成人类的生物。英国人认为某些动物代表吉凶祸福，如喜鹊、黑猫和乌鸦。

英国王室和英国的象征图腾都是神话中的野兽——独角兽和高贵的狮子。你会在纹章上看到它们，会在《狮子、女巫和魔衣橱》（*The Lion, the Witch and the Wardrobe*）这类儿童故事中看到它们，也会在皇家基金会的建筑中看到它们。在诗歌和戏剧中，英国人被告诫要像狮子一样——勇敢、强悍和高贵。然而，我从未感到它的实际意义能超过其象征意义。

神兽龙，也没有多大实际意义，尽管我的生活与这种神话中的动物碰巧有关联，因为我曾被送入一所名为"龙"的预科学校（实际上这所学校是以一艘名为"巨龙号"的帆船所命名的）。

然而，任何一个了解中国的人都知道，龙在中国文化中具有多么重要的地位。中国人会在特殊节日里看到舞龙、赛龙舟、装饰皇宫的龙。其重要地位是毋庸置疑的，而在像《卧虎藏龙》一类的武侠电影中常常出现的那种体形硕大，会喷火的飞龙与中国人之间的联系也是显然易见的。简言之，龙是最高贵的动物，既能降雨又可降水，也是帝王的象征。

有一种重要的动物是老虎。虎是十二生肖之一，也是勇敢的象征。不过令人惊讶的是，虎被视为阴性，即为雌性，特别是它与阳性的龙一起出现时。

事实上，关于动物在艺术、文学、道教和中国人其他生活方面的象征意义，可以写成整本书，毫无疑问已经有人写过这样的书了。

很明显，在中国庞大的象征性和联想性体系下，人们在欣赏一幅画、一座建筑或一篇文学作品时，脑子里会有成千上万种联想，并且相互交汇、延伸，继而在某些汉字发音与自然界中的某种意义之间建立联系。

在这里，我只选择一篇题为《中国艺术中的动物象征》的文章对上述现象（根据动物的汉字发音及某种特点赋予动物特定的象征意义）进行诠释。

蚂蚁：勤奋工作，秩序井然。蚂蚁的蚁字声似"义"，是儒家美德的明显体现。

鳌：在创世神话中地球被放置在一只巨龟的背上，如在特里·普拉切特（Terry Pratchett）的《碟形世界》（Discworld）里描述的那样。传闻中它们可以吞火，所以鳌的雕塑经常被放在屋脊的末端，以防止火势蔓延。

獾：象征着幸福，因为獾声似"欢"。它们通常和喜鹊
一起出现在艺术品中，因为喜鹊也象征着"喜"。

蝠：蝙蝠的蝠的声似"福"，是吉祥如意的象征。

蜜蜂：在艺术品中，如果蜜蜂与猴子出现在一起，就代
表着对于升官的渴望。因为雄性蜜蜂负责授粉，所以当它与
牡丹花结合在一起时，就代表一个正在寻求爱情的年轻人。

熊：强壮而勇敢，象征着男性化的一面，其形象也用作
对付强盗的护身符。

蝴蝶：有时是追求爱情的象征，特别在与梅花结合时，
寓意着对幸福爱情的追求。最著名的应属道家哲学家庄子的
故事，不知是庄周做梦变成了蝴蝶，还是蝴蝶做梦变成了
庄周。

建筑
Architecture

我来自一个采用特定建筑材料，拥有特定生态、哲学和
美学理念的国家，这些既塑造了我们的公共建筑和家庭建
筑，又塑造了我们城镇的本质。欧洲的建筑使用了大量木
材，其中以橡树为首，还有许多石材、茅草，建筑里也聚集

了很多中等收入阶层的财富。我住过的房子，即使是最近建造的，也都很坚固并且质量良好。我现在所住的房子已经有近400年的历史，但这样的房子在英格兰还不算老。它很坚实、温暖且牢固。许多英国房屋都有地下室，有三四层楼高，它们由砖、石头或是质地较软的硬化黏土（泥和芦苇）建造，为几代英国人提供了隐私和良好的庇护。

我在中国旅行的时候曾被邀请去参观些老房子，我听说南方的建筑材料主要是竹子、纸和芦苇，北部则是一些石头和少量木材，再加上地震和政治动荡所带来的大规模破坏，很少有一百多年的私人住宅能够幸存下来。我曾参观过中国的一些老城区，那里有的老建筑几乎都被拆除了，取而代之的是大量的高层住宅，一般在20层以上甚至更高。在农村，即使是在偏远的少数民族地区，古老的建筑物也很少了。

中国的传统民居没有地下室和地窖，只有一层楼高。即使是官员和富商们居住的雅致多屋的住宅，也都是单层的。这些住宅带有庭院、鱼塘和开满鲜花的花园。这些建筑结构统一，主要呈直线形的几何形状，讲究风水。在富裕人家的房屋里，供人娱乐和展示陈列的地方也必不可少；而在较小的房屋里，特别是在北方地区，则要有一个用火取暖的炕和一个做饭的大炒锅。

最近，这一切都改变了。当我思考为什么很多中国人似乎很乐于居住在不断扩张的城市的高层建筑——那些看上去毫无灵魂而且拥挤的小公寓里时，我想知道他们的幸福感是否很大程度上源于和过去生活的对比。因为从一个寒冷、凌乱、简陋的乡村小屋进入温暖、高效、服务良好的公寓，他们一定感到很特别。

中国城镇的建筑在其影响力方面也很引人入胜。在过去，城市通常被设计为要塞，作为一个被高墙环绕的行政中心。它们通常呈网格状，有一个大型中心广场，其中最著名的是北京天安门广场。这样的广场，仍然存在于许多现在已成为大都市的现代中国城市之中，许多城市都比曼彻斯特、利物浦、芝加哥和洛杉矶要大得多。

目前，中国有很多超大型城市，这些城市依然保存着过去的林荫大道、广场和规则的网格规划。这些城市到处都是大型购物中心，之前随处可见的自行车已经很少能看见了，不过也有一些曾经被自行车占满的地方被电动自行车所取代。

在城市周围和乡村内，散落着1949年以前的建筑，佛教和道教的庙宇和宫观通常伏在山脊上，其佛塔、宝塔以及红色和金色的塔尖镶嵌在花园中。这些宗教圣地也在蓬勃发展，因为它们和过去一样接受了中国富人的捐赠，这些富人希望将自己赚到的利润转化成功德。1996年以来，我们就看到了这类建筑的大量增加。

中国建筑中最引人注目的是不断重建的整个中国的中心，如紫禁城，皇帝的宫殿。从公元前221年秦始皇开始，历朝历代的皇帝就在许多首都建造了令人惊叹的宫殿，这些首都中包括西安、南京、杭州和北京。无论哪个地方，他们都敬畏自己的臣民，并运用皇帝的身份将权力、家庭、道德、艺术、经济、政府、风水等元素汇聚在自己的皇宫中。

我注意到，我对城市和乡村空间的看法与我的中国朋友大不相同。比如，构成一个家的元素是什么，什么使房屋或寺庙变得美丽。我为古老中国的一些遗迹不断被破坏，被仿制品和复制品取而代之而感到悲痛，尽管我听说在过去的两三年里这种趋势正在逆转。然而，我也钦佩中国卓越的建筑传统，以及经过深思熟虑、为庞大人口提供多样化的住房选择的设想与规划。如今，这些设想与规划已演变为中国复杂得难以想象的巨型城市。

军队
Army

我来自一个主要由海军守护的岛屿。这座岛屿没有常备军，岛上居民也禁止携带武器。然而，我们的民族（英国人）是一个尚武的民族，它曾在世界各地发动战争。我们的战争首先开始于欧洲，主要针对法国，而后随着庞大帝国的扩张，在全世界发动战争。我们的民族严重依赖来自山区的雇佣军，最开始是苏格兰人，后来是尼泊尔的廓尔喀人。

尽管如此，我们对军队还是有些尊敬的。至少，军官还是一个受人尊敬的职业，军官与医生、律师、神职人员、学者等并列在一个等级体系中。我的祖父是一名上校，我的父亲和两个叔叔在第二次世界大战时参军，我并不对此感到羞耻。

我原以为中国军队也会是这样，但是我发现它的整个历史和精神在许多方面与我们国家都不尽相同。最初，早在公元前221年秦统一六国之前的几千年中，中国就有庞大、装备精良的军队。在三国时期，参与到战争的中国人口，都是罗马或之后的欧洲军队完全不能比的。

然而，中国在秦统一六国之后，专门从事军事的人几乎渐渐消失，西方意义上的封建制度被废除，中国变成了一个由没有武装的文官官僚系统所统治的国家，西方意义上的军事贵族阶层也不存在了。臣民禁止携带武器，也没有常备军。

但是，中国在其西部边境一直都面临着战事威胁，并且不断暴发各种起义。为了应对这些问题，中国制定了一项战略，即建造巨大的城墙，派出少量部队在城墙周围巡逻，同时还采取了另外两项措施。第一，使用雇佣军。这些雇佣军通常由边防的少数民族组成。第二项措施延续了早已有之的战略部署策略，即将农民作为潜在的士兵。这种办法可以召集起来一支庞大的队伍，但这并不是一支长期的、高成本的、有威胁性的部队，因为他们在正常时期生活在内陆地区。必要的时候，国家可以组建起一支农民军队，而这种军队的特征一直影响着中国。

中国缺乏专业军事人才、强大的常备军并且依赖雇佣军，这三点在一定程度上解释了为什么中国在面对分散在其边境的游牧民族入侵时如此脆弱。这也解释了为什么它在19世纪被装备有机枪但规模相对较小的英国军队打败，以及为什么20世纪初被占领东北的少数日本军队打败。从某种意义上讲，上述原因解释了这个庞大帝国在军事方面的弱点。

然而，在某些方面，中国军队也展现出了曾经不为人知的强大力量。因为在第二次世界大战中，英勇无畏、善于协调和坚定果敢的中国军队击败了日本军队；而日本军队曾在缅甸和太平洋轻而易举地击败了英国军队。

面对武器装备极为先进的敌人，中国人顽强地战斗了下去。最终中国人胜利了。这对于任何想入侵中国的人来说，都是一个教训。

我曾去四川地震灾区切身感受过中国军人所展现出的强大力量。那是在2008年汶川地震发生的六周之后。当出现危机时，军队可以迅速有效地采取行动，军队似乎是普通行政部门的延伸。军人在社会上的普遍接受度很高，有时甚至会因这样的身份得到他人的敬佩。北京奥运会开幕式的奇观让我们得以一窥他们在行动中的精准度。

B

竹子 Bamboo / 076

讨价还价和以物易物 Bargaining and Haggling / 077

"一带一路"倡议（The）Belt and Road Initiative / 080

书籍 Books / 081

贿赂 Bribery / 083

竹子
Bamboo

　　竹子是草本植物的一种，具有不同于其他任何植物的独特属性。竹子具有根茎或侧根系统，像草一样，这意味着它们的传种方式非常迅速且安全，不需要动物或风来传播种子。竹子几乎是坚不可摧的，它能忍受强风和暴雨，因为它们在受力之时会弯曲和变形，但随后又恢复到原来的直立状态。它们的叶子和茎对大多数动物和昆虫来说都不是具有吸引力的食物。竹子能够在各种各样的气候条件下茁壮成长。

　　对于人类而言，尤其是在竹子茂盛生长的东亚地区，竹子颇具吸引力。实际上，中国（和日本）拥有一种独特的"竹文化"。在某些阶段，竹笋是可以食用的，并被广泛用于烹饪，同时竹笋也被视为一种重要的药物。

　　在中国发明纸张之前，竹简作为书写的主要媒介已经使用了几千年，就像西方的纸莎草一样。这样的竹简被大量保存下来，非常耐用。竹子还可以被用于制作乐器，特别是笛子，可以用于制作酒器和鞋子（竹屐在日本仍在使用）。竹子还可以用于制作盘子、盒子、容器以及餐具。竹子也是重要的建筑材料，可用于制作地板、墙壁、横梁和屋顶。如今，在现代化都市中，人们会看到用竹子代替金属脚手架。

如果没有竹子，中国物质文明和精神文化发展会暗淡许多。具有象征意义的是，坚韧不拔、能屈能伸的竹子可以被视为关于这个伟大文明的一个非常贴切的隐喻。竹子的优雅和美丽与中国艺术相称，是中国绘画最钟爱的题材之一。竹子也被视为中国知识分子的精神象征。

讨价还价和以物易物
Bargaining and Haggling

作为英国人，我是在一个物价稳定的国家长大的。每当我走进商店或逛网店时，商家都会告诉我固定的价格。如果我想要这件商品，我需要支付商家指定的金额。这个系统也存在一些讨价还价的空间和余地。例如，在房地产市场上，买方通常会开出较低的价格，并希望卖方能降价。在露天集市上，包括广受欢迎的跳蚤市场，人们可能会讨价还价，尤其是在即将闭市时购买即将过期的商品。对于二手商品、衣服和书籍，讨价还价的空间更大。然而，总体而言，在大多数情况下，出价低于定价并没有什么意义，这还很可能带来冒犯对方的后果。

20多岁时，我去尼泊尔后，打开了一个可以讨价还价的"新世界的大门"。我认为，面对一个看起来很贫穷，甚至可以称得上是穷困潦倒的卖主，过分压价是令人反感的做法。但我逐渐意识到，如果我只是按照标价付账，会被认为很愚蠢甚至有些荒谬。如果我在消费时有当地人同行，他们要么因为我的愚蠢而责骂我，要么主动提出要帮我购买商品。这是我第一次因为讨价还价这件事而感到震惊。

讨价还价带给我的冲击在中国也得以延续。因为过去中国的大多数商品都没有固定价格，这是一个更加灵活的系统，允许供求规律不仅在宏观层面上，而且也在微观层面上发挥作用。每个商品的价值都随着时间和环境的变化而变化，不同的时间范围、不同的运输距离、相邻的竞争者、买卖双方以及个人关系都会影响价格。交易双方的关系类型——朋友、邻居、家人也会对定价产生很大影响。

我还发现，与我对于讨价还价的尴尬相比，对那些在这样的环境下长大的人来说，讨价还价是一个令人愉悦的过程。通过技巧、修辞、幽默、小小的贿赂和威胁，双方都参与了一场竞赛，一方可能会感到小小的胜利。我在中国和一些亲近的同事交往中注意到了这一点，他们甚至在英国也会有同样的表现，他们在回来时眼睛闪闪发光，并讲述着如何通过讨价还价获利的故事。而我个人在中国很少见到这种情况，因为我倾向于去那些采用西方传统做法的商店，包括饭店。然而，由于嵌入在中国内部的特性，中国人喜欢在传统上不稳定的世界中"玩心理战"，并通过讨价还价达成交易，这种模式在今天还非常普遍。

以物易物作为其中的一个分支，可能在中国更为普遍。以物易物指的是用一种商品交换另一种商品，这一过程中避免使用金钱。例如，我给你一磅土豆，你给我一磅大米。这样的交易方式在很多情况下都是有效的，也是历史上整个乡村生活的一部分。今天，以物易物在发达的资本主义经济体中再度盛行，因为这种方式可以避税。以物易物的情况很可能会再次增加，像微信这样的电子系统似乎非常适合复杂的以物易物。

在生活中，我低估了以物易物的作用。有时，例如在第二次世界大战后经济紧缩时的艰难时期，人们（包括我祖母在内）用自己的鸡蛋来换取别人的水果，甚至通过帮忙打理他人的花园换取其他物品。然而，我却很少进行以物易物，我估计这在英国是普遍存在的现象，这是另一个与中国不同的地方。

"一带一路"倡议
（The）Belt and Road Initiative

"一带一路"倡议是一个充满雄心壮志的项目。与人们的直觉相反，"一带"指的是"丝绸之路经济带"，"一路"指的是"21世纪海上丝绸之路"。类似的计划还有"冰上丝绸之路"，这是一个与俄罗斯合作的项目，旨在促进北极地区的发展。

中国在这个项目上投入了巨额资金，希望建立一个由公路、铁路和船舶和数字通信系统组成的互联系统，贯穿整个欧亚大陆。这项计划比古代丝绸之路涉及的范围还要广。

这是过去的中国在崛起和充满自信的历史时期的一个特点，例如，在公元8世纪的唐朝，人们沿着丝绸之路（下文详述）开展或重启沿线地区的交流活动，进行商品交换、思想交流和人口流动。这项政策也正是这一观点的另一事例佐证。

从积极方面讲，这一倡议能够使中国巨大的人力和技术资源得到充分利用。在过去30年里，中国已经成为一个庞大的、一体化的通信互联网络。此外，这有助于发展中国技术并使以前在中国国内的成千上万的求职者有了新的工作出路，从而有助于解决就业问题。

这一倡议还帮助了许多贫穷国家建立起良好的通信基础设施，这对帮助人们摆脱贫困至关重要。这是世界上最雄心勃勃的基础设施建设项目。在过去美国和其他西方国家控制第三世界发展的几十年中，西方国家在为第三世界国家提供像样的基础设施建设方式，所做的工作寥寥无几。非洲和亚洲的许多国家仍在与殖民帝国的遗留问题做斗争。中国正试图将世界大部分地区的公路、铁路、海运和空运提高到与之对标的非同寻常的水平。通过这个方式，中国每天都在改变我们的世界。

书籍
Books

我来自一个书香氛围很浓的家庭。我的母亲是一位出色的读者和作家，我们家到处都散落着书籍，我一生中大部分时间都在牛津大学和剑桥大学的图书馆中度过，我对那个充满书香的世界很熟悉。我喜爱收集书籍，拥有一个很大的个人图书馆，可以将我妻子大量的二手书也放置在那里。

我喜欢书籍，我认为英国伟大的诗人、小说家、散文家和历史学家是地球上最有文人气质的人，即便今天的实际情况是，多达90%的英国家庭除了漫画外再也没有其他纸质书了，并且公共图书馆的关闭速度也越来越快。

但是，当我来到中国时，我才意识到一个历史上最伟大的、最纯正的文人文化是什么样的。中国人试图保存从孔子时代起的古代著作。他们的教育体系几乎完全建立在阅读和复制古典著作的基础上。数千年前，中国人发明了书籍的绝佳媒介——纸张。中国的印刷术出现的时间比西方的古腾堡印刷术早了700年。世界上最古老的印刷书籍是收藏在大英图书馆的《金刚经》。

中文书籍的数量和增长速度令人震惊。超大本的中国经典著作或百科全书汇编，往往由数百本甚至数千本书组成，而这在西方最多只有几十卷。作家，尤其是诗人，是中国最受尊敬的人。在过去的一千多年中，几乎所有人口都拥有最基本的文化水平，包括妇女，都能够读写一些字符。中国领导人不仅是政治家，同时还有可能是作家和书法家。

图书馆扮演着重要的角色，直到今天仍然如此。可悲的是，许多伟大的著作在战争和皇帝定期要求清除一些违禁书籍的政令中付之一炬。这是从第一任皇帝开始时就留下的传统，秦始皇就曾下令烧毁所有他认为可能会威胁其统治的书籍。

然而，在今天，即便数字媒体已成为最受人们欢迎的信息传递方式，书、书店和图书馆依然蓬勃发展。所以，我发现，在深圳这个崭新的城市里，有世界上最大的单层书店，这里也可以开展辩论、表演和许多其他活动。深圳有一个巨大的公共图书馆，里面挤满了读者。如果他们想在晚上借书，则可以向自动借书机出示身份证，调出他们想要的书，然后这些书就像饮料或冰激凌一样可以被取出。

中国的文明建立在书籍之上，因为学习汉语和读写汉语，需要比使用字母语言付出更多努力，这对于很多不熟悉这门语言的人来说都是艰难的。

贿赂
Bribery

我在一个很少听说过贿赂的英语世界中长大。在高中、大学或我后来的工作生涯中，我从来没有过这样的体验：如果我想实现某种目标，比如进入某所学校、赢得诉讼、购买土地或房屋、获得专业资格，或是开展某项业务，我就必须为此秘密地向其他人付钱。这导致当我听说在南欧和东欧的大部分地区，一个人想在教育体系中取得晋升就必须行贿时，我感到十分震惊。当我去印度和尼泊尔时，我讶异地发现，几乎每个人都必须向他们的上级行贿，这样才能保住他们的工作，或得到任何形式的许可或认可。

当然，我知道英国人会通过其他间接的方式实现他们的目标，比如通过加入高尔夫俱乐部、共济会或获得传统协会的会员资格，以及提供剧院的包间等方式，来交换好处。然而，当我审视自己的生活，以及我的祖辈们17世纪的信件和日记中展示出的生活时，令我吃惊的是，几乎不存在任何形式的贿赂。

正如我们从官僚主义视角所看到的那样，贿赂已经成为中国体系中的一部分。这种情况当然没有今天世界上许多其他地方那样糟糕。然而，我们每天都能在新闻中听到的持续不断的反腐运动，只是这种内在问题的外在表现之一。

从英国人的角度来看，令我印象深刻的是，在19世纪，罗伯特·赫德（Robert Hart）认为，解决贿赂问题不应该只是针对症状，比如关押腐败的官员，而应该从根本上解决问题。因为这关系到一个人可以赚到的钱与他生活所需的钱之间的差距，同时还需要关注政治和经济之间的联系。

据观察，在美国，贿赂和腐败的典型形式包括积累商业财富，进而通过收买官员来获得政治权力。而在中国，情况恰好相反。一个人通常是通过教育、辛勤工作和一定的技能来获得社会地位，一旦实现，就可以收回此前为之付出的成本。

人们意识到应该采取一些解决方案，即国家向法官、教师、警察和其他人员支付足够的薪水，使他们不必利用职务之便来养家糊口。

当然，这绝非易事。随着经济的快速增长，贿赂的规模很可能也会增加。与此同时，中国的经济也正在以指数级的速度增长。然而，过去的遗留问题和激励个人的方式也更加紧迫地需要得到解决。

C

书法和绘画 Calligraphy and Painting / 086

大运河 Canals / 089

变迁的足迹 Change / 090

育儿 Childrearing / 092

筷子 Chopsticks / 095

城市 Cities / 097

文明的冲突与和谐 Clash or Harmony of Civilizations / 100

时钟 Clocks / 103

俱乐部和社团 Clubs and Associations / 104

色彩 Colours / 106

对抗与和睦 Confrontation and Harmony / 108

孔子 Confucius / 110

保守主义 Conservatism / 113

习俗 Custom / 114

书法和绘画
Calligraphy and Painting

我从小受西方字母表式书写系统的影响，并在文艺复兴后艺术氛围的熏陶中长大，所以我认为写作和绘画之间有着绝对的区别。达·芬奇简明地将两者区分开来："画是看得见却听不见的诗歌，诗歌是听得见却看不见的画。"唐代诗人王维被誉为中国古代最伟大的诗人之一，与此同时他也是一位伟大的画家，其作品被描述为"画中有诗，诗中有画"。换句话说，在我的世界中，我的眼睛所看到的和耳朵所听到的是全然不同的两类东西。

我一直以为这种区别在世界各地都是普遍存在的，直到最近我了解到中国对世界艺术的最大贡献之一书法时。这种新的领悟是中国优秀的书法家教会我的。尤其是我记得有一场生动的表演，书法家在边舞边写，他用行动演绎诗即是画。我在办公室里挂着一个10英尺①的巨幅书法，上面写着两个字——"剑桥"。这两个字写得龙飞凤舞，但是从中可以识别出河和桥的图样，这就是象形文字。

这使我意识到，我和我的中国朋友在艺术和感性上有着多么巨大的鸿沟。当他们通过汉字进行阅读，尤其是阅读那些诗歌和精美书法作品时，他们的眼睛和耳朵都受到了强烈的刺激。他们以不同的方式接收信息，感知真实和美。他们实现了济慈的巨大希望："真即是美，美亦是真，你所知道的一切即是你需要知道的一切。"因此，中国的美学和沟通方式，有着我无法用经验感知的无穷潜力。

不仅我认为仅仅是"写作"的东西可以是绘画，而且绘画也可以是写作。这解释了长期以来困扰我的一件事，即伟大的中国画的高度程式化、非自然主义的本质。我知道自宋朝以来，中国画家就已经完全有能力像文艺复兴时期之后的西方艺术家一样，非常准确地描绘人与自然。我知道，在15世纪的布鲁内莱斯基（Brunelleschi）发现单点透视之前，中国人已经可以非常精准地运用移步换景的散点透视法了，就像12世纪上半叶张择端的名画《清明上河图》一样。

然而，与西方从文艺复兴时期发展起来的这种自然主义绘画不同，中国画家画的不是鸟、花、树或风景画，而是由

---

① 1英尺≈30.479厘米。——译者注

雾蒙蒙的山脉、河流和前景中的几个很小的人物组成的整体意象画。

一段时间以来，我甚至以为这些事实——大多数文化素养高的中国画家都是高度近视，因为他们似乎是根据记忆而不是现场所见作画，他们的作画工具是躺在地板上的卷轴上的画笔——是促使他们走向中国风格的原因。同时，一旦这样的风格落诸卷轴，他们的顾客便别无他求。所有这些，都可能只是一部分原因，但是现在看来，如果我们把中国画看成是写作和绘画的统一体，就会有更深入的理解。绘画把书法又向前推进了一个阶段。

实际上，他们并没有用汉字把山、云、人、树写出来，而是为此绘制了与之相似的象征性符号，但其主要作用是让观众将其解读为一种象征。

在中国人的思想中，一座山代表着许多东西——力量、接近上天、亲近自然。它是半神圣的，唤起了人们的浪漫主义情怀，就像英国湖畔诗人或后来的威尔士诗人所做的那样。总之，我们必须认识到，画是诗，它们并不无声的；诗是画，它可以倾听。因此，今天的中国和过去一样，对这两种艺术形式都有着巨大的热情。

大运河
Canals

同长城一样，大运河是中国早期工程的另一个奇迹。最古老的运河可追溯到公元前5世纪，而它的各段在隋朝（公元581—618年）才被连接起来。大运河长1000多英里[①]，各段有许多闸口。其他大小河流通过复杂的渡槽穿过它。运河的水面足够宽阔，船可以同时朝着相反的方向行驶。它的建造主要是为了将粮食和其他商品从富裕的南部运送到天气较为寒冷但政治上强大的北部。

当然，大运河只是中国无数水道中的一条。许多中国的古老城市给人的感觉有点像威尼斯——运河穿过房屋，月亮形的桥梁横跨河面。南方的苏州市是这些运河城市中比较有名的一个，运河中船只忙碌穿梭，清污船甚至混杂在这些忙碌的船只中清理垃圾。

当年，中国著名诗人徐志摩在剑桥大学那里度过了一段时光，并写下了他最著名的诗篇《再别康桥》；与此同时，他的家乡海宁的运河与剑桥的康河形成了呼应，到处都是水草、柳树和鸟儿，那是属于运河生活的景象和声音。

运河，与河流一样，是中国经济和社会生活的中心部

---

① 1英里≈1.609千米。——译者注

分。古代的陆路交通非常艰难，布满岩石，车辙纵横，还要穿越无数山脊和湍急的河流。相反，水路减轻了陆路运输的负担。但是水路运输也有其自身的问题。在英国，大部分的拖船都是靠马来拉动的；而在中国，让数以百万计的船只在水路移动，则主要是靠人力来完成。被称为"纤夫"的壮实男子排列成长长的队伍，他们把小船拖到波涛汹涌的河流上，竭尽全力爬过光滑的岩石，沿着又高又危险的河岸向前移动。另一种人力的方式是，人在运河上划船或撑船，穿越中国巨大的湖泊。

最后，运河、河流和湖泊里蕴含着中国食物中主要的蛋白质来源，这就是鱼类。用渔网、鸬鹚捕鱼和在河流上筑坝是当时人们的主要工作。假如餐桌上没有一条大鱼，中国的盛宴就不完整。

变迁的足迹
Change

我很幸运地生活在一个岛国上，这个岛国经过几个世纪的发展，没有发生任何重大的悲剧，比如大规模入侵或革命。与所有欧洲大陆国家不同的是，英国已经有近1000年没有遭受侵略。它的语言、法律、经济、政治、社会没有受到其他种族或国家的严重破坏。

在过去的一千年里，英国也没有经历过任何激烈的社会或政治革命。只有17世纪中叶的英国内战和克伦威尔临时取代国王才使英国遭受了些许波折。然而克伦威尔死了，国王复辟了，这是一场半成功的"叛乱"，改变了很多东西，但没有推翻之前的社会结构。

基于这些原因，我认为英国的历史就像一棵树的生长过程，从其盎格鲁-撒克逊人的根和年轻的树干开始，变得越来越大，越来越复杂，但基本上从未受到挑战。

我在看中国时，会发现一些陌生的东西。中国的历史特征呈周期性发展——中国经历过长达三四个世纪的和平、有序的发展时期后，就会暴发灾难性的动乱。

林语堂发现，中国历史上反复出现过这种周期性的循环发展模式，过去的几千年里，中国的历史大致就以这种形态呈现。林语堂有一个有趣的发现：

一个惊人的事实是，中国历史一般以八百年为一个周期。每个周期都始于一个短暂而军事实力强盛的王朝。在经历了数百年的内部冲突之后，这个王朝统一了中国。接下来是四五百年的和平时期，然后朝代会进行一次更迭，继之而来的是连续的战争浪潮，这导致首都很快从北方迁往南方。随后，南北之间的分裂和竞争日益激烈，然后中原政权会被强悍的外族所征服，从而结束了一次循环。历史一次次重演，随着中国的再一次统一，在新君主的统治之下，文化又有了新的繁荣。①

在每个历史周期中，中国都遭受了重大的破坏。例如，在19世纪和20世纪，中国分别被英国人以及日本人入侵过。

育儿
Childrearing

在我的婴儿时期、童年时期和青春期，我被用一种"疏离"的模式养育。从早期的照片中，我可以看出我从出生时就被放在单独的婴儿床中，放在木制的婴儿围栏里，被鼓励尽可能地独立。到四五岁，我已经是一个"独立的人"；八岁时，我被送进了寄宿学校。从那时起，尽管我爱我的父母，但他们开始变成"陌生人"。当我到二十多岁时，我和我的父母成了平等的朋友。我之所以和父母的联系一直很密

---

① 林语堂，《吾国与吾民》。

切，只是因为我的父母给予了我非常多的爱与支持。

我的父母和我都意识到我很可能会坠入爱河，并结婚生子。我的第一份、也是最深切的爱，给了我的妻子和孩子，然后才是我的父母。

当我到日本的时候，我所受到的一个冲击是了解到 amae[①]，或称为母子间的复杂情结。弗洛伊德将儿子对母亲的过度依恋称为恋母情结，但 amae 所指的范围更广。这种情节始于婴儿出生时，因为婴儿不是被放在单独的婴儿床或房间里，而是和父母睡到五六岁。孩子从来没有被放到地上，而是一直背在母亲或兄弟姐妹的背上。他们会一直受到母亲的极度呵护直到下一个孩子出生为止——通常要到七八岁。所有这些，使得母亲和孩子，尤其是母亲和儿子的关系成为儿子一生中最牢固的关系纽带。

我的初步观察结果表明，中国的情况并不像日本那样极端，但与我的英国经验有很大不同。中国的孩子们经常挤在一张床上睡觉，特别是屋子里还有传统的热炕的时候。他们通常没有被送去寄宿学校；就算他们被送去寄宿学校，也不会打破他们与父母的联系。

传统上，孩子与父母之间的纵向关系的强度，可能是丈夫与妻子之间的横向关系强度的两倍。在过去的中国家庭

---

① amae 是日语特有的一个词，它的大体含义是一种类似儿童对母亲撒娇的特殊依赖情感或行为。——编者注

中，最重要是的孙子而不是儿子，儿媳可以由她的婆婆随意休掉。孩子在心理上从未与父母分离过，他们也不能像朋友一样平等地相处。

在中华人民共和国成立初期，家庭关系发生了巨大的改变；独生子女政策、大量年轻人向城市的迁徙，也使过去的家庭关系模式受到了冲击。我身边的中国年轻朋友更加独立。然而，他们所有人都与父母保持着（或觉得他们应该保持着）一种比我经历过的更亲密的亲子关系。我所认识的年轻已婚中国女性朋友会邀请她们的母亲或岳母与她们长期生活在一起，有时是为了帮助照顾孩子，有时只是出于责任和陪伴。

我的另一位年轻的中国朋友与她的母亲之间有着非常紧密的关系。她既渴望得到母亲的支持和建议，又对家庭有着深深的归属感；但是当母亲试图控制她的生活时，她依然会感到不满。

总而言之，英国人（包括美国人）在将孩子当作与自己平等的朋友方面是不同寻常的。通常，在印度、日本和中国，你一直是父母的孩子。在父母面前，你永远不会成为一个完全独立的成年人。而对你而言，他们仍然是你要为之负责的人、庇护你的港湾和精神支柱。

筷子
Chopsticks

我成长在一个用刀、叉、汤匙吃东西的文化中。我原不知道这种用刀叉吃饭的方式只有大约500年的历史。我依稀记得我童年在印度时人们不用刀叉吃饭，但那时我也认为世界上的大多数人都不会不用刀叉吃饭。这看起来很自然，虽然有点尴尬。我被教导说，我用这些餐具吃饭的方式决定了我的阶级地位——用刀吃豌豆，或在餐后以某种方式把餐具留在餐桌上，都有着强烈的含义。

当我去喜马拉雅山的一个村庄做田野调查时，我和妻子试图继续用刀叉吃饭，以保持我们的"西方身份"。在我们周围，每个人都用双手吃饭，这本身也是一种艺术，这种方式远比叉子和刀子"自然"得多。在印度、非洲和其他地方，一个人用双手吃饭，饭前和饭后洗手，并使用右手而非如厕时使用的左手抓饭。

1990年我去日本时，遇到了另一种同样非常普及的用餐方式——用筷子吃饭，有三分之一的人口都采用这种用餐方式。在这里，我的朋友和餐馆服务员为我提供了刀叉；但我很快就意识到，就像我在尼泊尔所经历的那样，客人以当地的方式进餐，才是有礼貌的行为，而且会受到赞赏。如果一个人能像骑自行车一样——熟练地使用筷子，不是通过正式的传授，而是通过实践学会技巧、养成习惯，那么这家的主人一定会很高兴。

我还发现，用筷子来夹日式和中式食物是再好不过的了。在英国，我习惯吃切得很碎的东西，尤其是肉；吃一些很硬的蔬菜、布丁和汤时都需要用勺子。在中国，肉在上桌之前已经被切成小块，用油和辣椒炸过，在比较富裕的家庭中，这样的肉菜有很多。

刀叉在中国并不流行。事实上，作为潜在的攻击性武器，它们是被禁止的，这是我的朋友格里·马丁在20世纪70年代早期从香港旅行来回之后告诉我的。他曾经花费很多时间试图找到刀，因为在那里，只有特定的屠夫才能持有刀具。

实际上，用筷子吃饭是在用手抓饭的饮食方式和以刀、叉、汤匙为主导的西方饮食方式之间的一种很好的折中。用手抓饭会让食物更容易被污染，而且有些人会因为触摸到黏稠的食物而感到不舒服。然而，筷子也有缺点。尽管塑料筷子现在开始取代木筷，但大片的森林仍然被砍伐用来生产木筷。使用筷子时还讲究特定的礼仪：个人用的筷子和从公碗里夹食物的筷子是不同的。但无论如何，我认为，伸开手用筷子夹菜时，一种优雅和理性便洋溢出来了。

城市
Cities

伊塔洛·卡尔维诺（Italo Calvino）的经典著作《看不见的城市》（*Invisible Cities*）描绘了马可·波罗时代人们想象中的各种中国城市。不幸的是，事实并不像他的幻想那样令人愉快。当我们开始在中国的大城市旅行时，我发现了这一点，其中许多城市比伦敦或纽约更大或与之相当。乍一看，它们似乎都是一样的——市中心有宽敞的林荫大道和购物中心，无数的道路和环路，然后是连绵不断的20多层高的大厦。当你开车离开北京、天津、上海、成都、广州或其他地方时，你会发现，中国有很多这样的地方。

你可能会认为这种一致性是最近才出现的，与欧洲各地多样性的城市建筑风格很不一样，从英国结构混杂、扭曲和街巷蜿蜒的城市，到法国和西班牙部分地区经过高度规划的巴洛克式城市，再到意大利布满城墙和蜿蜒街巷的城市。事实上，通过了解东西方城市的历史，我明白了中国这种一致性存在的原因，以及伦敦、北京、佛罗伦萨与成都为何给我带来不同的感受。

在《城市》（*The City*）一书中，马克斯·韦伯对城市的三种主要形态进行了区分，并阐述了它们的功能。有句谚语说，进入城市就能使人自由。但那种独立而功能齐全的城市只有在北欧国家和英国才会出现。在那里，城市是商业中心，政府所在地，有自己的规则和自治的法律实体，也许还是军事中心。传统意义上资产阶级或城市居民与贵族或统治者、神职人员和农民并列为一片土地上的四大阶层。他们感到自豪和独立。这是第一种城市形态。

第二种城市形态出现在南欧，那里的自治、法制程度大大降低；尽管在一些地方的某些时期，如意大利城邦时期，城市就是"整个世界"，依靠围墙把自己隔绝起来从而保留一些自治权。

马克斯·韦伯认为，第三种城市覆盖了世界各地，从伊斯兰世界到印度再到中国。在那里，城市基本上是一个要塞，那里人口密集，政府控制军队并进行行政管理。可能会有市场和一些制造业的存在。但是城市几乎没有自治权。没有强大的行会或地方自治组织，也不是由社会精英组成的强有力的统治集团来执行特定法律。它们是地理实体，而不是社会和政治实体；它们对其他力量，尤其是对于可汗或皇帝的抵抗力都很小。

如果你在过去一千多年的大部分时间里都在中国"旅行"，你会发现许多大城市，例如12世纪世界上最大的城市杭州，居民非常富裕；而东方威尼斯——苏州，也有许多美丽的风景。然而，就政治权力和社会管理而言，它们并没有与中央政府分开。臣民没有特殊的权力或特权，城市的管理者也没有与皇权有关的特殊权力。

这样，我们可以将中国视为拥有历史上最伟大的城市文明的国度。无论是过去还是现在，随着成千上万的农村人口涌入城市，目前在中国，有好几个城市的人口超过2000万，这是一个伟大的城市文明。当然，我们也可以认为它根本不是我们所理解的那种城市文明。

这并不是说，中国的城市由于缺少原有的农村社群纽带，就变得疏于治理或混乱不堪。在我去过的中国城市中，从小镇到大城市，都是如此井然有序，我时常感到惊奇。这些运输、污水和电力的庞大规划、建设和运营是如何完成的？

这是一个奇迹——中国每隔几个月就会建成一个新的伦敦。2019年年末，中国的城镇常住人口超过8亿，占中国总人口的一半以上。与1978年的中国相比，这是一个巨大的变化。这是有史以来最大规模的快速城市化。总体而言，我去过的中国城市干净、高效，虽然大多数城市没有多少公园，但相当舒适。这些城市可能会让英国人这样习惯于居住在低层建筑中的西方人感到震惊。或许，卡尔维诺所描述的世界可以再次被发现，因为在中国，这些城市以另一种方式呈现出一种梦幻般的奇妙。

文明的冲突与和谐
Clash or Harmony of Civilizations

美国国际关系专家塞缪尔·亨廷顿（Samuel Huntington）提出并推广了文明冲突的概念，他曾是美国对越南进行轰炸、将农民赶进城镇计划的设计者。他那篇标题以问号结尾的充满对抗性的文章，后来被改编成一本书，并于1996年出版，即《文明的冲突》（*The Clash of Civilizations*）。尽管没有公开声明，但美国目前对世界的进攻型防御政策很大程度上基于亨廷顿的理念。

塞缪尔·亨廷顿主张建造边境隔离墙并运用签证政策限制移民，因为他认为多元文化主义是美国的主要威胁之一。在他看来，即使在20世纪90年代，对所谓的敌人进行直接的武装打击也确实为时已晚了。因为如果使用常规武器，战争将陷入僵持状态，而使用核武器会让使交战双方一同被摧毁。

他建议进行间接攻击，在外部为美国敌对国家的反对势力提供武装支持，并在内部支持那些持不同政见者发起的运动。

塞缪尔·亨廷顿的观点仍然带着一种古老的西方倾向，将世界视为信奉上帝的基督徒（"我们"）与异教徒（"他们"）之间的战争。在许多宣传工作中，美国和过去欧洲帝国扩张到印度、非洲和南美国家时的某些宣传内容都隐含着这种思想。它把世界看作巨大的物质和意识形态冲突的场所。生活被视为善与恶、真理与谬误、民主与独裁、自由与奴役之间的斗争。

从孔子时代起，中国人的视野和观念就不同了。中国人认识到，相互竞争的民族和观念之间不可避免地存在着差异、对立、紧张。然而，个人和国家的任务就是使这些对立面统一起来。虽然中国的思想并没有借鉴西方辩证法中的正题、反题、合题等思想，但它确实与这类思想存在着相似性。

这通常被描述为"中庸之道"，即在两个极端之间选择一条道路，并试图将各种不同观点以最佳的方式结合起来，即冲突的合题。它认为差异不能也不应该被抑制；但是，就像和谐的音乐一样，不同的乐器或声音应该谐调一致。

有趣的是，这种观点强调相互尊重、宽容、合作与互助，而不是一方消灭和破坏另一方，这与资本主义经济学中的第一位伟大理论家亚当·斯密的观点非常相似。作为一名道德哲学家，亚当·斯密认为人类处于一种永不停息的对立统一状态，即自爱、自私、达尔文式的生存和利己主义，以及社会性的爱、善良、爱与被爱的渴望、相互协作都交织在一起。诀窍在于如何找到这两个极端之间的中庸之道。

这种中庸之道不仅在个人层面上起作用，而且在国家层面上也起作用。人们应该认识到，驱使屠夫或面包师出售商品的不是利他主义，而是自爱。正是自爱，驱使人们进行有利可图的市场营销、讨价还价和竞争，这才形成了资本主义的活力。

然而，亚当·斯密也意识到一个至关重要的事实，那就是这不是一场零和博弈。当一个人或国家与另一个人进行交易时，双方都受益。这不是一场战争，而是一场建设性的合作。良性的贸易对每个人都有好处。作为财富增长核心的劳动分工，迫使个人和国家放下一些狭隘的短期欲望，以追求更大的目标。

亚当·斯密关注到，苏格兰和整个英国的财富源于人们的合作分工与协作。他看到贸易对格拉斯哥产生了巨大的积极影响，贸易也可能使与英国进行贸易的人民受益。

在亚当·斯密所在的时代，即工业革命的前夕，通信又慢又贵；那个时代与我们现在这个全球化、互联互通的世界相比似乎显得更为真实。那种认为我们可以回到人与人之间互相为敌，即强大的国家通过压制它的盟友和敌人来获益的不合情理的观点，从来没有起过作用，并且在今天会显得更加荒谬。就像两个人相爱，当我们付出时我们就会得到回报，而当我们得到（爱）时我们就应该付出。将儒家思想和亚当·斯密的思想结合起来是唯一能够避免世界灾难发生的做法。甚至亨廷顿也意识到，美国想要直接粉碎每一个竞争对手的做法为时已晚。实际上，美国要做的就是将这些竞争对手视为其合作伙伴，这样的话，大多数问题就能迎刃而解。

时钟
Clocks

当我开始了解中国时，我面临的困惑之一就是为什么在领先世界800年之后，中国"放弃"了自己的领先地位，将接力棒移交给了欧洲。

故事的一部分围绕着由博学家苏颂（1020—1101年）建造的大钟展开。苏颂还是数学家、天文学家、制图师、钟表匠、医学家、药理学家、矿物学家、动物学家、植物学家、机械和建筑工程师、诗人、古物学家。苏颂发明的水运仪象台是世界上最早的天文钟。

水运仪象台的关键部件擒纵器是唐代的僧一行发明的；苏颂的水运仪象台是世界上第一个带有机械时钟驱动器的仪器。这台仪器还设有最古老的机械传动装置，称为"天衡"。

水运仪象台在公元1127年被入侵北宋王朝的金朝军队拆除，最终也没能成功修复。尽管是中国人最初发明了钟表，但欧洲后来居上，不论是最初的大钟表还是优雅而精确的手表，都取得了飞速的发展。到了17世纪末，当耶稣会士把它们带到中国时，中国人为之惊奇。清朝皇帝的珍宝馆里满是西洋钟表。

然而，苏颂发明的时钟最终还是被废弃了，尽管关于如何制作它的手册留存了下来。造成这种差异的原因是多种多样的，包括在基本以农业文明为主的中国不需要时钟，国家并不提倡和鼓励人们竞相开展技术发明，中国工匠倾向于对自己的发明技术进行保密，还有成本因素。

然而，无论出于何种原因，这都能揭示古代中国在技术知识方面存在的问题。当我们看当今中国正在发生的事情时，我们会更加惊讶。各种技术每天都在进步，整个中国可以被看作是一台集成的、巨大的发条装置，甚至比苏颂的钟表本身更令人印象深刻。

俱乐部和社团
Clubs and Associations

在西方，俱乐部和社团几乎是所有人生活的中心，而我在寄宿学校的经历以及后来在大学中的生活让我对于这一认知尤为印象深刻。通过对历史和政治哲学的研究，我对于这一观点更有了深刻的体会。研究表明，这些志愿团体是英美文明的核心，而社交生活作为英国的核心已经有五百多年了。

我知道这一点，但是只有当我作为访问学者首先去日本和中国考察时，我才对这种社团文化有了更深刻的认识。一到日本，我立刻要求他们带我去参观大学的公共休息室、学生俱乐部和众多的社团。但我被告知，大部分社团形同虚设。福泽谕吉意识到了俱乐部和社团的重要性，并成功在东京引入了绅士俱乐部，但它并没有为日本带来更大的影响。

我已经习惯了这样的想法：如果你们有共同的目标并希望分享和追求它们，那么你们可以建立或加入一个经济、政治、宗教、体育或教育方面的俱乐部，以帮助自己实现这一目标。个人的力量太弱了，无法仅靠自己取得很大成就；但是如果人们团结起来，就会取得很大成就。

在英国，俱乐部或社团是由个人成立的、不需要政府颁发执照的团体。你可以被吸纳为会员，也可能被取消会员资格。它拥有场所、资产，例如图书馆、运动场或就餐场所。它让你感觉自己是一个更大的团体的一部分，但仍然是自由的。它有自己的名称和银行账户，有规则和管理人员。它是英国体育、艺术、教育、政治和经济活动中的重要组成部分。

著名的人类学家许烺光曾用"Kin"（亲属）来表示宗族，这也是为什么我在中国很少发现社团文化的原因之一，尽管互联网上虚拟的、半自治的社团有了惊人的增长。

中国的哲学，例如孔子的儒家学派只设想了两个角色——家长和国家。孔子也许会喜欢撒切尔夫人的名言——"社会是不存在的"。除了亲属关系、地理单位（通常是村庄）的隶属关系以及与皇帝的抽象联系之外，人们之间就没有其他更多的联系了。自然就没有了社团存在和发展的空间。

色彩
Colours

中国和我所在的西方相比，色彩的分类标准和象征意义是截然相反的。我第一次注意到这一点，是在我听人类学家埃德蒙·利奇（Edmund Leach）讲述他在中国的经历是如何让他震惊的时候，尤其是当他意识到东西方象征生与死的颜色是完全颠倒的时候。在中国，白色是死亡的颜色；而在西方，黑色才是死亡的颜色。

令我自己也感到震惊的是，当我在喜马拉雅山区学习由汉语衍生而来的藏缅语时，我惊讶地发现蓝色和绿色并不是单独的两个词。当我指着天空时，古隆人说那是"pingya"。当我指着草时，他们也说是"pingya"。我很快确定他们不是色盲。古隆人可以很好地看到颜色差异。然而，他们的颜色分类标准并未区分这两种颜色。

我自己（西方）的颜色系统有四种主色，红色、黄色、绿色和蓝色，不会将黑白本身视为颜色，而是将其视为没有颜色。中国人将黑色和白色视为是有颜色的；但也有其他三种主色，红色、黄色和青色——青色是将蓝色和绿色融合在一起的颜色。从各种角度来看，这都很有趣。

首先，色谱的红黄（金）端象征着特权。在中国，金色是帝王的颜色，在日本却是红色；而在英国，王室的颜色在色谱的蓝色端，即紫色。

其次，颜色的象征意义也很有趣。人类学家在颜色关联方面做了很多工作。例如，维克托·特纳（Victor Turner）提出，在非洲人眼中，棕色、红色和白色的三种颜色分类与粪便、血液和精液这三种身体物质有重要的联系。那么中国人把什么与他们眼中的颜色联系在一起呢？

我知道黑白在阴阳对立中至关重要。黑色象征着夜、女性、左边、自然、情感。白色象征着白天、男性、文化、原因，等等。因此，如果你将黑色或白色纳入艺术表现中，它就会产生许多关联，正如谷崎润一郎在他的《阴翳礼赞》一书中介绍日本色彩系统时所显示的那样。

在中国，早在西汉时期，一本关于哲学的书《淮南子》就提到了颜色的象征意义。从公元前1世纪到公元7世纪，地方民间书籍也对颜色做了详尽的描述。

《易经》中也有关于色彩象征含义的描述，具体如下：

黄色/土地/唯一可以使用黄色的人是皇帝

蓝色/东方/春天/年轻生命/活力

红色/南方/夏季/幸福/繁荣

白色/秋天/西部/衰退/悲伤/死亡

黑色/北方/冬季/严肃/正式/黎明和新生活的开始

2000年前，中国古代皇帝的宫殿都是黑色、正式、严肃的。1世纪以来，那些宫殿的天花板是黄色的，墙壁是红色的。因此，北京故宫博物院屋顶的瓦是黄色的，而墙壁和柱子是红色的。只有皇帝才有资格使用金黄色的屋瓦，高级官员则使用绿色的屋瓦。

所有这一切都是中国风水学"五行"中的一部分，它以五种元素为基础：金、木、水、火、土。这些元素环绕在皇帝周围，皇帝在中央，他可以与天帝沟通，指导季节和万物变化。

对抗与和睦
Confrontation and Harmony

我在一种对抗性很强的文化中长大。小时候，我玩士兵玩具、老虎和狮子的玩具，玩假枪、仿制的弓箭，参加各种球类比赛。我明白生活是一场"斗争"，一场持续的"适者生存"游戏。当我上寄宿学校时，这种生活中的对抗性变得更加明显。诸如"板栗游戏"和弹珠游戏、足球、板球、曲棍球和橄榄球、田径、游泳、拳击和其他体育运动，都会分出赢家和输家。生活的乐趣在于在体力和智力上战胜他人，这一点在我们的课堂中也得到了强调。

甚至我们的谈话都充满了对他人的嘲笑，有时甚至成为一种霸凌。当我们开始了解英国的历史时，我们会听到没完没了的战斗和战争——无论在国内还是对外。我们被告知，英国法律是建立在争论和对抗的基础上的；就像英国的政治制度一样，两大主要政党总是争论不休，各执一词，试图压制对方。

我开始认为，对抗、战斗、奋斗是生活的基础。我了解到，维系我们社会的不是爱，而是竞争——保守党对工党、上帝对魔鬼、牛津对剑桥，以及其他许多二元对立。我们因分歧和斗争而"团结"在一起。

因此，当我来到强调和谐和儒家伦理的日本时，我感到非常震惊。然而，日本也有与之相反的传统。正如鲁思·本尼迪克特（Ruth Benedict）在《菊与刀》（*The Chrysanthemum and the Sword*）中所写的那样。日本有一个强烈的武士道传统，而武士是一种武装的军事精英。战斗对日本而言也很重要。

我在中国受到的冲击更大。在这里，我发现了一个广阔的文明，它的首要道德准则是促进相互尊重与和平，将对立面统一起来，而不是强调对立面。中国禁止人们携带武器，没有武士阶层的存在，也很少有竞争性的团队比赛。

使中国团结在一起的是生活的秩序，这将所有潜在的冲突减到最少。尊重和相互负责，冷静和接纳，正当理由和切实可行的解决方案都非常重要。

这并不是说中国没有暴力。在过去的中国，有严厉的刑法和频繁的血腥起义，以及大量的肢体冲突。历史上，中国内部，以及中国与外部势力之间发生过冲突。

然而，中国人追求的理想是和平与和谐。生活不是一场"我只有打败你才能成功"的零和博弈。社会是由相互需要和相互努力维系起来的。儿子需要父亲，父亲也需要儿子。臣民需要皇帝，皇帝也需要臣民。中国人的目标是让自己与他人和自然建立有机的联系。

当我回顾西方世界的灾难性和充满暴力的历史及其背后的持续斗争模式时，我必须说，我发现佛教、道教和儒家思想的和谐梦想非常有吸引力。在这个人们之间相互依赖和趋向融合的世界里，我们不能继续我们过去的"斗争模式"了。中国朝着更和平的方向发展的精神是受欢迎的，也是顺应时代的。

孔子
Confucius

我已经接受了这样的认知，即我的大部分生活都受到了2000年前的伟大思想家的影响。我知道耶稣的言行改变了我生活的方方面面，从道德到艺术。我知道柏拉图、亚里士多德、荷马和毕达哥拉斯的思想，仍然影响着我的思想和行动方式，我也知道，佛陀或先知穆罕默德的追随者也是如此。

然而，孔子的巨大遗产具有几个鲜明的特征，如果我们要了解今天的中国，那么必须对他的思想有所了解。

孔子思想的影响力非常大。在日常生活中，人们仍然不断提及孔子的智慧，仿佛他生活在昨天；西方人引用孔子名言的次数甚至超过了提及耶稣或亚里士多德观念的次数。关于儒家思想和孔庙总有无休止的评论。在中国，孩子在学校学习孔子的思想。他就像这个国家的父亲，总是在人们的肩膀上，虽然他已经不在了，可是他还以另一种方式活着。当我站在孔子的出生地、庆祝孔子生日的人群中时，或者当我参观遍布中国各地的孔庙时，我意识到了这一点。

孔子思想最重要的特征是他的话语和故事的内容，以及孟子和其他儒家弟子对其思想的传播与延续。孔子的第一个关键思想是"中庸之道"，即追求中间道路，不走极端，也没有任何狂热主义。倾听争论双方的意见，然后充分利用两者的优势，创建一条中间道路。今天的中国努力在西方的、个人主义的、科学的、资本主义的传统和中国的古代传统之间找到一条中间道路，并以一种新的形式把最好的东西结合起来，这就是一个体现孔子思想的例子。

孔子的第二个关键思想与其第一个思想有关，即以和谐为首要目标。和谐并不意味着统一，没有差异。就像在音乐中一样，它的意思是，音调可以不同，音符可以不一致，但各个声部不能"打架"。因此，国家和睦相处并不意味着中国必须与美国相同，反之亦然。这意味着各方应是协调一致的，它们通过一种一体化的形式相互加强，通过以相同的规模、设定或规则进行工作。

孔子的第三个关键思想是尊重与生俱来的地位差异。儒家所关注的五个重要关系是父母和孩子的关系、丈夫和妻子的关系、年长的哥哥姐姐和年幼的弟弟妹妹的关系、年长的朋友和年轻的朋友的关系，以及统治者和臣民的关系。在每种情况下，你天生就属于这种关系，无法更改它。在每种情况下，它都赋予上级更大的权力，尽管这与仁慈和保护的职责结合在一起。所以父亲可以对他的孩子们做任何事，丈夫对妻子以及皇帝对臣民也是如此。他们都是各种关系中的上位者和主导者。这一准则自然会使相信人类天生平等的西方个人主义者不满。

但是这一准则在中国有很大的影响力。在宋代朱熹对孔子思想的重新诠释中，儒家思想使家庭和国家更加牢固地联系在了一起。

在局外人看来，这是一种近乎极权主义的绝对服从关系，但这其中也有一种难以解决的内在矛盾：如果你对父亲的忠诚与对皇帝的忠诚之间发生冲突，父亲是第一位的。也就是说，如果皇帝命令你杀了你的父亲，而你觉得不公平，你就不应该这样做。

保守主义
Conservatism

在我的整个受教育过程中，我被鼓励去冒险、有抱负、去尝试新事物、变得更有创造力。我受到的大部分正规教育都强调要主动承担风险和具有创造力，随着我高中毕业并升入大学，这种意识更加强了。采取不同寻常、出乎意料、违反直觉和具有创造力的方法让自己脱颖而出，是我在游戏、娱乐和各种爱好中的主要着眼点。

我的文化（西方文化）似乎偏重于行为怪异、不循规蹈矩以及令人惊讶的行为。在我的职业生涯中，这一直贯彻到我对学生的教学中，学生会因敢于承担、有冒险精神和创造力而得到奖励，并在我授课时或写作中不断感到自由，我鼓励他们去做新的事情，逆潮流而行，抛弃那些阻碍自我的旧方法。

所有这些使我认为，这种创造、革新、打破传统的做法都是正常的。然后，我去了日本，并不断被告知"枪打出头鸟"，不应该攻击旧的做法，以任何方式脱颖而出都是危险的。这里同样有敢于冒险的人，有许多伟大的作家和改革家，福泽谕吉就是其中之一。可是，我开始看到了另一个世界。

在中国，进行冒险所面临的压力很大。几个世纪以来，中国传统教育向人们灌输要对旧有做法保持尊重的理念、鼓励人们顺从和服从权威。古人、老师、父母和君主都是具体的权威。

在古代的中国，对以往的行政管理体制的任何创新或背离都有危险。如果出了什么问题，没有遵循得到批准的和传统的做法，那么一名官吏将受到严厉的惩罚。

习俗
Custom

第一本关于英国法律制度的伟大著作是亨利·布拉克顿（Henry Bracton）的《英国的法律与习惯》（*On the Laws and Customs of England*）。我们可能想知道为什么标题中同时需要"法律"和"习俗"，因为法律肯定包括习俗。事实上，在英国，它们两个是独立和平等的。法律是一般规则，通常由议会制定，适用于所有人。

例如，有法律规定财产归一个孩子所有，但当地习俗将决定得到财产的是最先出生还是最后出生的孩子。同时，法律规定应该对一个村庄的穷人提供支持，习俗则进一步规定了这一措施如何实施。

这种制度的巨大优势在于，它提供了一个统一的、普遍的框架，该框架将整个国家团结在一起，并为不同社区提供了灵活的选择，使他们可以自己生活，以决定适合他们的许多具体的规定。因此，住在山上的那些人的习俗不同于住在平原的，渔民的习俗也不同于农民的。

习俗往往特别适用于文化、食物、服饰、住房、语言和举止。例如，在剑桥大学，有与学科、考试和入学有关的规章制度。然而，每所学院都有自己的习俗，包括如何安排饭菜，人们的着装和教学方式。

我在中国还没有见过如此正式的习俗上的区别，尽管这是必然存在的，因为中国是一个非常多样化的地方。所有国家法律是由中央政府制定的，但每个村庄或城镇都有自己的传统做法。不同的是，在英国，习俗是国家制度中公认的一部分，并受到国家法律的保护，正如布拉克顿的著作所表明的那样；而在中国，皇权可以根据需要凌驾于此。因此，在庞大的中国文明中，习俗尽管是极其重要的，但在中国历史上的许多时期它都不受保护。最显著的例子是清朝的执政集团与大多数民众的习俗都非常不同。

在英国，法律的推广是庞大帝国迅速发展的核心。在被英国征服的每个地方，英国的法律都得到普遍应用——主要涉及财产和维护和平的法律。英国人不关心当地习俗。所以，只要你遵守法律，在缅甸、印度或非洲国家，你的饮食、宗教、家庭生活都取决于你自己。因此，可以在相互协调忍让的情况下实现一致性。这是一个中国人可能会觉得有趣的模式，因为它同样在试图解决一个古老的问题，即统一与多样性的矛盾。

D

灾难 Disasters / 118

占主导地位的大国 Dominant Superpower / 121

灾难
Disasters

　　我来自英格兰，在过去的几个世纪中，它一直"幸免于"自然灾害。它基本上没经历过地震，火山爆发或海啸，没经历过大规模蝗虫或可怕的沙尘暴。尤其是，它基本上没有遭受在数千年时间里导致无数中国人死亡的大规模的三大自然灾害：洪灾、火灾和饥荒。尽管直到今天，英国的洪涝灾害仍在泛滥，海水有时也会向内陆倒灌，最近一次是在1953年，造成307人死亡。但英国的洪水通常很"温和"，也就淹没数百到上千间房屋。相反，中国的三大河流，尤其是最北端的黄河，经常因洪水泛滥使周边居民流离失所。为了减轻这种影响，中国人付出了巨大的努力。两千多年前，中国人就成为历史上最伟大的水利工程师。然而，面对中亚冰层的突然融化或是严重暴雨，人们常常无力阻止洪水泛滥。结果是，有时一些宏伟的城市——人口有百万之多，会被彻底摧毁，而且是一遍又一遍被摧毁，广袤的耕地被洪水淹没。

另一个始终存在的危险是火灾。当然，英国历史上也曾发生过严重火灾，例如1666年的伦敦大火。但是按照亚洲标准，那只是一场很小的火——大约有7万所房屋被毁，只有6人死亡。导致本次火灾损失没那么严重的部分原因是英国的建筑材料掺入了大量的石头和板岩，可能是因为英国城镇很小且比较分散，还可能是因为烹饪通常在炉子中进行而没有明火，也可能是人们在早期采取了一些措施来控制火势。在英国，火灾的风险似乎没有那么严重，因为英国从17世纪末开始就制订了有效的火灾预防计划。

我们还能看到，英格兰没有频繁发生火灾的证据是，这里许多城镇和村庄的中心地带都保留着大量15世纪或更早时期的建筑物。中国和日本则有很大不同。在日本，像东京或大阪这样的大城市，平均每七年会遭遇一次大型火灾。历史上，中国的大城市也是如此，因为它们基本上是非常相似的：非常拥挤，建筑由高度易燃的木材、竹子和纸构成，随处可见供人们烹饪用的明火。日本人发明了一种应用于贵重物品储藏室的防火装置。中国人因为知道风容易从西北吹来，所以在院子西北角建造稍微远离生活区的储藏区，这样一旦房屋着火，储藏区不太容易被烧毁。可以肯定的是，鉴于大火频发，中国以前没有保险系统，因为代价太高。

第三个困扰中国的危险是饥荒。据计算，尽管过去50年来中国没有出现大规模饥荒的报道，但在许多个世纪里，中国每年都会在某处发生饥荒。单一作物制、以干旱尤甚的无常天气、交通不便、太多家庭缺少储备、距海太远（海运在英格兰能提供紧急食物和物资）、人口稠密、森林被破坏，以及过度捕捞等，都是造成饥荒的因素，结果令人震惊。

太平天国运动也是1876年大饥荒的诱因之一，但造成这种灾难性饥荒的原因似乎是长期干旱。这次饥荒堪比英国的最后一次饥荒事件——爱尔兰大饥荒（1845—1851年）。导致那次饥荒的原因是大批马铃薯染病，最终导致了仅仅800多万人口的爱尔兰超过100万人死亡。很难想象长期遭受饥荒威胁会带来的后果。1315年以来就没有经历过任何大规模饥荒的英格兰人，即使见识过印度和爱尔兰发生过的可怕惨剧，也一定会对中国的情况感到震惊。总的来说，在一个相对富裕和经济稳定的土地上长大的我，真的很难想象这种在历史上反反复复出现的可怕灾难，会给我带来何种影响。显然，它们会使我更加谨慎、保守、勤劳和加大对家庭的投入，这是面对灾难时唯一能起到一点作用的自我保护措施。这种充满大量焦虑和威胁的境况，与中国过去四十多年建立起来的富裕、稳定的社会相比，简直是另一个世界。对许多中国人来说，这种改变肯定令人感觉像是一个非凡的奇迹，一个并不理所当然的奇迹。

占主导地位的大国
Dominant Superpower

在大约1840年之前，中国一直是世界领先的大国。两千年来，它一直是地球上最富裕、最大、最复杂的文明。然后，大约在1840年至1940年，大英帝国成为世界第一，尽管在此期间的后半段，英国的主导地位受到了德国和美国的挑战。从第二次世界大战到现在，美国一直保持着超级大国的地位。在这段时间的前半段，美国的主导地位受到了苏联和日本的挑战，但是1991年苏联解体以及日本挑战美国主导地位失败以来，美国一直对自己全球唯一超级大国的地位充满信心。

然而现在的局势在不断变化，我们可能会回到一个世界主导权发生逆转的时期。就购买力平价（PPP）而言，即按照考虑到生活成本进行相关调整后所计算出来的一个国家可以购买的服务、物品总量，中国在几年前已经超过了美国，成为地球上"最富有"的国家。如果目前的趋势继续下去，中国的绝对国内生产总值将在10年内超过美国。在未来的技术、科学以及政治影响力方面，中国也有可能超过美国。

前两次重大的世界主导地位的转移并未在一开始就引起了人们的关注，因为当时人们的注意力主要放在战争问题上。因此，这种变化并不是很显著，而且是渐进的。鸦片战争导致世界的主导权从中国移到英国，第二次世界大战结束后又从英国转移到美国；这种变化看上去并不显著，而且还被当作战争的副产物。但当下的变化带来了无休止的讨论，而且所有人都看得见。

占统治地位的超级大国不太可能将自己的主导地位让给竞争对手，特别是当它抱有零和博弈的理念时，即对手获利意味着自己受损，并且它假设与其竞争的对手与自己有着同样的称霸欲望。根据这样的假设，与对手之间的竞争可以被视为生死攸关的斗争。目前，美国有很多关于如何在中国赶超美国之前，把中国压制或"击败"的讨论。格雷厄姆·艾利森（Graham Allison）在《注定一战：中美能避免修昔底德陷阱吗》（*Destined for War: Can America and China Escape Thucydides' Trap*）一书中，对于一个超级大国的主导地位受到另一个大国挑战时所引发的冲突的问题，进行了有趣的讨论。

在这种背景下，中国必须非常谨慎。当我第一次到中国旅行时，人们对未来的总体看法是理性而谨慎的。2000年至2016年，是美中之间关系最友好的时期之一。中国不谋求世界霸主地位的发展战略，使中国经历了十五年的快速增长。实际上，它的确没有与美国争霸的愿望。而在此期间，西方社会遭遇了一系列困境——"9·11"事件，美国在伊拉克、阿富汗、利比亚、叙利亚的战争，以及2008年的经济危机，使其经济形势更加变幻莫测。就美国而言，中国可能带来的威胁要往后排。然而，当这些危机过去后，中国的"一带一路"倡议又触动了美国人敏感的神经，担心中国的影响力传遍欧亚大陆乃至非洲和南美。如果我们将美国人的担忧与美国的许多内部问题——社会、经济和政治方面——结合起来考虑，则有许多理由可以帮我们解释美国为何想走上"战争之路"。我个人认为，中国人运用的正是所谓的"祖母的脚步声"方法。在这个中国人也玩的英式游戏中，"祖母"的人设是非常强壮的，但有点耳背，正在想别的事。她站在草坪尽头，望着远方。"孩子"排成一排，然后向她爬去。如果听到声音，她会迅速转过身，她看到的正在动的"孩子"要回到起跑线。这里的技巧是非常缓慢地向前移动，即"细心点，慢慢来"（"softly softly catchee monkey"）。如果我是中国人，这会是我将采用的方法，尽管在这样的游戏中也可能会采用其他的策略，即因为"祖母"会在感觉孩子靠近时候更频繁地检查，因此"孩子"需要加速前进，越来越快。这可能就是当下正在发生的事。保持谦逊、低调的态度并尽可能与他国协作，将是明智之举。正如过去中国伟大的将军们所知的那样，这是个漫长的游戏，冷静和"无为"往往是最好的策略。

E

地震与洪水 Earthquakes and Floods / 126

饮食 Eating / 129

教育 Education / 132

温情 Emotional Warmth / 135

地震与洪水
Earthquakes and Floods

我在一个安静的"小岛"上长大，那个"小岛"躲过了遍布世界的各种自然灾害——导致生灵涂炭、希望破灭的灾害。在日常生活中，我不需要担心地震、海啸、台风、飓风、火山爆发、洪水或干旱。大自然看上去很平和，可预测。如今，一点点雪、大风或大雨，就能让英国人轻微地恐慌，他们的交流也会被类似这样的小事打断。

去尼泊尔后，我才了解到大多数人类所经过的苦难命运。喜马拉雅山的陡峭山坡频繁发生具有破坏性的地震，河流可能变成汹涌的洪流，会冲走田地和村庄，而冰雹或干旱可以轻易地夺走人们一年的口粮。生活突然变得岌岌可危，生计变得脆弱。日本，可以说更糟糕。它和尼泊尔一样多岩石、多陡峭，也遭受了更频繁的地震（虽然2015年4月尼泊尔和我的工作地区的边缘发生了一次可怕的地震）。我在日本第一次体验到了地震带来的晕眩感。虽然它们非常令人不安，但我们被告知这只是轻微的震颤。最近，我们看到了可怕的海啸和台风不断袭击日本。我的结论是，所有这些都有助于解释日本人的态度和哲学中的宿命论、不甘心、不安定的本质。生命是短暂的，死亡从未远离。日本人知道，我们生活在一个混乱而不可预知的世界里，我们只能坚持下去，希望能够生存下去。

中国的自然状况在一定程度上与日本是一样的。每隔一段时间，会发生可怕的地震。汶川地震刚发生我们就来到了灾后现场。我们在地震发生后大约六周，目睹了倒塌的学校和满目疮痍的村庄。中国沿海地区经常受到可怕的台风和飓风的袭击。中国是一些火山的所在地，尽管相对于中国的面积来说，它们的影响没有日本火山那么严重。

然而，有两种自然灾害深深地影响了中国的历史和性格，这两种灾害都与雨水有关：雨水太多或太少。正如其他地方所描述的，中国是一个大河文明。它的"血液"顺着大江大河，特别是长江、黄河、珠江以及澜沧江和怒江奔涌向前。对这些河流和众多运河的控制，是中国最伟大的成就之一。这种对于水路的治理，造就了中国领先于世界的水利文明。例如，秦国在成都附近的都江堰修建了伟大的水利工程，我曾多次去参观，令人印象深刻的是它至今仍在发挥作用，灌溉着四川平原。它最初修建于公元前256年。

然而这些强大的河流仍然不能被完全控制，仍然有大洪水。过去的情况更严重。比如，我们惊奇地发现，在中国伟大的城市、曾经的首都南京，有一层又一层被埋藏于地下的城市，历经岁月洗礼，被泥土覆盖。众多的文物宝藏在这里或那里等待挖掘。跟印度各地一样，洪水也是大部分农业文明得以维系的要因素。然而在人口稠密的河谷，对洪水的恐惧一直存在。另一面的恐惧同样让人生畏，如大面积的干旱，河流干涸淤积，南方的稻田和北方的玉米、小米秧苗枯萎，等等。在中国广袤的土地上，各地经常发生大旱。而且由于作物种类单一、交通不便，这种灾害事件可能造成数百万人死亡或遭受严重的营养不良。不像英国或日本，中国的大部分地区远离大海多达几百英里或几千英里；所以，在中国历史的大部分阶段，海产品和沿海交通的便利，并没有为大多数中国人提供保障。

同样，我很难想象生活在一个总有自然灾害的国家是什么感觉。也许它们让你沉浸在痛苦之中，以至于战争和暴力等人祸，或者疾病这样的天灾，都显得不那么令人感到震撼了。也许它们又解释了中国人身上为什么具有顽强、坚韧的品质，以及为什么他们试图通过风水学来对那些不可预知的力量进行控制。这无疑延伸了我本人的想象力，生活在不太动荡的地方和气候中的人们更需要对此有所了解。

饮食
Eating

在英国，做饭和吃饭现在似乎又成了人们生活的中心，而在我年轻的时候，这一点不那么重要。《烘焙大王》（*The Great Bake Off*）等烹饪节目充斥着电视节目。餐馆和美食店在许多城市中心和村庄到处可见。但在此之前，我的生活经历却与现在的情况颇为不同。

小时候，在第二次世界大战后需要配给食物的年代，聚在一起吃饭是一件相当边缘化的事。无论是在学校还是在家里，我们都会快速地、带着感激的心情吃完食物。虽然集体用餐是我学校生活的一部分，后来又是大学生活的一部分，但与朋友或家人的共同用餐并不是我社交生活的核心。团队和其他游戏、爱好等才是。清教徒的文化把谦虚、克制、简朴的饮食看成是一种美德。虽然在圣诞节或婚礼上有一两顿特别的饭菜，但总的来说，我们英国人绝不会把饮食放在生活的核心。板球、喝茶、阅读、爱好和俱乐部是生活的核心，但聚一起吃饭不是。

我在尼泊尔的经历挑战了这种观点，虽然山村里的食物简单而重复，但一起吃饭显然是生活的核心。你会问人们"你吃了吗"，而不是"你好吗"。人们花很长时间在一起吃饭，往往是和大家庭以及同村人一起吃。吃饭是繁复的葬礼和婚礼的核心。

我在尼泊尔的经验到了日本受到进一步挑战，那里的食物往往准备得很精致，但似乎是以很快的速度吃掉，而且往往是在沉默中吃掉的。下班后，人们会去酒吧喝很多酒，但都是集体去的，很悠闲，用来谈协议和巩固关系的聚餐看上去并不处于日本饮食文化的核心位置。

没过多久，我就意识到，食物绝对是中国文化的核心。我认为中国的食物很美味，有巨大的地域差异，并经过精心地烹调，加了调料，精致地展现出来。然而，让中国美食如此特殊的不只是味道。

我觉得很难精准描述的是，集体用餐似乎以一种我并不熟悉的方式，体现出了高度的表现力和功能性。通过食物，你表达了你的热情、尊重、对友谊更进一步的渴望，以及你对成为群体中一员的态度。我们在一些英国的机构中也看到了这种情况，但不是很明显。这样的感觉在印度和中国这样的农业社会中尤为明显。在这些地方，和一群亲戚或邻居一起吃饭体现着团结。

当我的中国朋友从中国回来时，他们不会给我看很多建筑或活动的照片，而是一张又一张聚餐的照片。他们似乎用欣赏书法、绘画或戏曲的方式来品赏饭菜。食物的质感、色彩、上菜的方式、纯正度和新鲜度，以及费用等，被仔细审视，成为衡量主人或参与饭局的人的真实感受的指标。跟我的文化中的谈话或娱乐一样，食物给中国人提供了大量体现他们之间关系的信息。它就像一种舞蹈或游戏，但道具是食物。

还有就是功能性方面。我花了一些时间才意识到，聚餐往往是谈判结束的最重要时刻。我当然知道"商务午餐"，你会邀请潜在的合作伙伴出去吃饭，在饭桌上展开进一步协商。然而在中国，类似的聚餐在商务中的作用更大。

很多时候，通过中间人的联系，或者像现在这样通过互联网和线上方式，人们会用一段很长的时间来了解情况、检查证书、相互调查。然后一起开会，其中既有正式的发言，也有交换或者审查一些文件的环节。然而在这个阶段，一切都没有定论。当丰盛的晚餐到来，在食物、适量的酒精和人们聚在一起之后的快乐氛围中，交易以某种仪式性的方式达成。信任得到了确认，尽管没有增加任何书面合同，关系却拉近了。

中餐馆是中国最大的出口产品之一，这绝非巧合。无论是中式聚餐的内容（饭菜）还是形式，都是中国对人类幸福的巨大贡献之一。麦当劳或肯德基所体现的原子化的个人主义，与中国的火锅及其他美食所体现的共享主义形成了巨大的反差。

教育
Education

　　中英两国的教育精神，有一些深刻的差异。第一，英国的学校和大学起源于基督教会，至今仍在有形、无形地受其影响。而中国的教育，除了融入了一点点佛教元素之外，一直是世俗的。培养宗教领袖曾是西方学校和大学的主要职责。

　　第二，英国过去和现在都是一个阶级社会，精英教育是为小部分较富裕的老牌家族、豪门和贵族服务的。尽管现在这种情况已经大为改观，但我们的名校和大学都是为精英阶层设计的。而中国从来没有西方意义上的阶级或种姓制度。古代中国的教育制度的建立是为了选拔和培养高效的官僚来管理国家，而不是让一群统治者家族的成员更加具有风度和智慧。

　　第三，直到最近之前，中英经济制度完全不同。英国许多世纪以来都是一个消费型、市场型、资本主义社会，贸易、制造业和大地主、富豪资本主义公司在其中占主导地位。英国需要培养人才走出去，在它的城市、资本家的农场或世人皆知的庞大帝国里赚钱。

　　中国直到不久前还是一个农业经济社会，对小规模的经济活动和贸易感兴趣。中国的教育体系不是专门培养企业家、发明家和店员的。当然，这一切都在迅速改变，但在教育目标上，两个文明的起点大不相同。

第四，两种制度的知识根基完全不同。英国的传统植根于古典主义——古希腊和古罗马文化，后来又混合了大量的中世纪基督教和阿拉伯文化。英国的传统是一种质疑、辩证、探求真理、创新的传统，具有开放的真理观；通过苏格拉底式的方法理解世界，通过在唯一的上帝所规定的普遍规律中寻找尚待发现的基本原则和模式，从而逐渐得到启示；在通过逻辑学、修辞学、数学等各种形式的学习发现新事物的过程中，并不十分强调回溯经典文本中封闭的、有定论的真理启示。

中国思想的根基则不同。中国有强烈的回望先贤、缅怀和尊重、阐释和批判的需求，但不太强调探究未来和发现新事物。事实上，太阳底下无新事。尊重、顺应、礼仪、和谐、保持现状是关键的理念。真理已经被人们所熟知，而原创性、独创性、质疑、争论和对抗则存在着严重的危险。

英国的教育从根源上讲，从进入幼儿园到大学毕业，教育应该成为你思想上的工具；在问题出现时，为你提供解决问题的方法、途径、专业知识。一个人"拜在知识大师的门下"，学习技艺。在中国，传统上，教育工作就像填满一个人的精神图书馆，有一套有限的、已经被发现的知识，有一套标准的文本。一旦记住并掌握了这些知识，就没有什么可学的了——只有德行的实践、礼仪的遵循、伦理的保持和传统的继承。

中国传统教育的体系在几个世纪以来都很合适，那时整个世界的知识量变化都不大，能被记录下来的文字也不多。然而，现在被普遍接受的是英国的教育体系，这个体系似乎更适合于知识不断扩展的世界。从文艺复兴开始，整个世界的知识量就大量增加，且增加的速度越来越快。没人能够把所有的知识都记在脑子里。但他们可以学习思想上的工具。

自13世纪以来，英国基本上实行君主立宪制，国王在法律之下，有一套强大的制衡机制，以及不断发展的议会制政府。英格兰没有常备军，常设的官僚机构非常少，但法律制度很健全。权力通过制度下移，分散到地方。

在中国，人们服从于权力核心——依靠强大的官僚机构和军事力量。每一个层次都与上面的那个层次——村、区、省、中央——紧密衔接，最后权力都集中在皇帝一个人身上，他既是礼制的制定者，又是政治首脑。

显然，像英国这样去中心化、去官僚化体制下的教育，反映了其社会和政治结构。比如，英国人自我管理、独立自主的空间很大。精英学校的主要作用之一是对独立、判断和自立的训练。英国公学中的"学长制"中，就蕴含着教会人们如何进行负责任的统治的内容。在寄宿学校发展起来的辩论和演讲、俱乐部和自由的传统，鼓励和体现了自治精神；

在牛津大学和剑桥大学则通过学院自治这种形式将自治精神发挥到了极致；而且传统上，英国的大学有很高的独立性。直到19世纪后期，英国教育中几乎没有任何官僚制的训练。

在英国，一个人可以自己创造先例，用训练出来的理性，对自己不满意的命令提出质疑。中国则不同。这里文字占据主导，规章制度众多，是一个书面化的官僚世界，而且通过层层委派的制度来治理国家。因此，中国的教育主要强调忠诚、尊重和顺从——对权威的顺从，无论对父母还是国家。现在这种情况正在迅速改变。我最近访问过的许多知名的中国学校都在鼓励批判性思维和更多的课外活动。

温情
Emotional Warmth

我来自一个以保守著称的国家。大多数英国人，包括最沉默寡言、最不显山露水的中上层阶级，都非常热衷于隐藏自己的情感。在我的家庭里，父母和爷爷奶奶、叔叔阿姨都是相当不爱表现的，低调、微笑和握手、逆境中僵硬的上唇，所有这些都是我最熟悉的。我所在的寄宿学校非常重视隐忍，重视在人际关系中保持庄重，重视不表露自己的情感。表露情感是一种弱点。

因此，在尼泊尔待了一年，在温暖的亲情海洋中游泳，互相表达情感，让我感到震惊和欣慰。孩子抱着你，大人不自觉地挤挤你，你用开放的情感迎接喜怒哀乐。你完全可以和身边的人敞开心扉。

而我在日本，让我重温（甚至放大）了我在英国的成长经历。日本人很少在公共场合接吻或触摸。他们格外注重隐私、很保守。我瞥见，他们很好地把强烈且深沉的情感掩盖在自己打造的"面具"背后。

我无知到以为中国会和日本很像，但我完全错了。从与中国年轻人的多年交往中，通过大量的接触，我发现中国人就像放大版的尼泊尔古隆族人。你会和他们热情地打招呼、握手，或许之后还会拥抱，无论男女。你不会像英国人那样僵硬地握手，也不会像日本人那样鞠躬，除非在非常正式的场合与重要的人物见面。你会发现，在晚宴上你习惯于和在场的每个人都喝一点，你说话的时候非常热情。当你混在人群中照相时，人们会挤在一起。无论男女，当你把手搭在他们肩上或腰上时，他们都不会尴尬，而且通常也会对你这样。

小朋友就像古隆族的孩子一样，随性、亲切，满脸笑容，聊得很开心。年长的朋友会给你写长长的邮件，告诉你他们的内心活动，朋友们也会很坦然地告诉你他们所有的希望和恐惧。人与人之间似乎没有什么距离和包袱，即使是和一个来自远方的陌生人在一起。你很快就会感觉到自己被一些家庭"收养"了，年轻人也很快让你觉得他们是你的"养子"——表现出极大的忠诚，为你付出。

中国人的情感主义在某种程度上是一个悖论，因为中国人也是高度理性的、实用的、踏实的、有谋略和精于计算的。

我所学到的那些表现情感的东西——绘画、诗歌、友情、一起吃饭的热闹方式，对中国人来说绝对是生活的核心，事实上是中国的核心。中国人最喜欢的事情莫过于在吃饭的时候组成一个团体，笑着讲故事，朗诵一些诗歌，欣赏一幅美丽的画或一首诗。我非常喜欢感受来自他们的那份温暖，我惊异于在经历了过去两百年的苦难遭遇（其中很多是由我的民族造成的）之后，他们竟然对我有如此深厚的友谊和真诚的感情，甚至给我起了"萌爷爷""可爱的爷爷"的外号。

F

面子和荣誉 Face and Honour / 140

时尚 Fashion / 145

"胖文明"和"瘦文明" Fat and Thin Civilisations / 147

节日庆典 Festivals / 150

护甲、缠足和体力劳动 Finger-nail Guards, Bound Feet and Manual Labour / 152

花草 Flowers and Plants / 154

面子和荣誉
Face and Honour

我一直认为，与人的自我形象（在他人眼中）有关的只有两大体系。第一种是地中海地区的荣辱观体系，在一定程度上也存在于伊斯兰文明和印度文明、巴尔干半岛和俄罗斯，这种文化的基础缘于性的对立。男人是光荣的，也就是说，他们与自己的错误斗争，保护自己的女人不受侮辱，强调自己的阳刚之气或大男子主义。

上述文化情结非常普遍，但我在英国历史上并没有发现多少这样的文化情结。在过去，英国男人不追求大男子主义，很少有复仇、仇杀或决斗。一个男人不能够杀死或重伤一个辱没他的亲人——母亲、女儿、姐姐或妻子——名声的人。事实上，如果他这样做，他将被监禁或处决。

在英国，最重要的是高贵，也就是绅士的行为——第二种荣辱观体系。信守诺言、善良体贴、诚实守信，这些都是能带来尊敬的首要美德。一个值得信赖的人如果失去声誉，就会在政治、商业和许多其他领域遭遇困境。新教强调这种荣誉的概念，如果你因为其他人威胁到你的尊严或与你相关的女人的纯洁，从而开始攻击别人，上帝是会发怒的。

令我惊讶的是，我今天在中国发现了第三种荣辱观体系。这其实不是以上两种体系中的任何一种。到目前为止，我还没有完全理解"面子"这个概念在中国是如何运转的，尽管我被告知它无处不在，而且非常重要。它似乎与自尊、对儒家和佛教价值观的坚持有部分联系。它似乎也与别人对你的尊重有关。

我对"面子"所蕴含的复杂含义以及这个概念的重要性难以理解，这一点可以从三段简短的引文中看出。阿瑟·史密斯（Arthur Smith）在《中国人的特点》（*Chinese Characteristics*）一书中以"面子"开始论述，他写道："一旦正确地领会，'面子'本身就是理解中国人许多最重要特质的钥匙。"他指出，这意味着，不要直接指出任何人有问题，因为无论事实如何，他们都会因为不想丢"面子"从而坚决否认。

翟梅丽（May-lee Chai）和翟文伯（Winbery Chai）在其著作中再次强调了"面子"的重要性和理解它的难度。他们写道：

> "面子"也许是理解中国文化最重要的概念，也可能是最难理解的，因为它反映了与当代美国非

常不同的价值观……"面子"是你的公众形象，
是你的社会地位，是你的骄傲、尊严、顾忌。保
住"面子"就是维护那份尊严的表象，这是中国人
会不遗余力地维护的东西。丢"面子"是终极的耻
辱……从实际出发，来中国的外国人应该时刻牢
记，当出现了问题——在工作中、在学校里、在旅
游中——千万不要公开、公开、大声地指责导游或
同事，哪怕完全是这个人的错。

当我问我的同事"面子"是什么意思时，她这样写道：

"面子"就像你说的，是和自尊心联系在一起
的。根据我的理解，"面子"是一个中性词。这
个词本身有两个意思。第一个意思是"威信和自
尊"，这是中国传统文化中最重要的美德之一。无
论男女总是要强调它。

第二个意思是"表面"，即在别人眼中的形
象。在这种情况下，你说一个人太在乎他的"面
子"，就是说这个人虚荣、肤浅，太在乎别人的看
法。与西方人相比，中国人更在意别人眼中的自我
形象。他们总是生活在别人评价的压力之下。因
此，面子的概念变得无处不在。

在其他地方，我分析了我们只有认识到一切都和物与物、人与人之间的关系有关，才能理解中国。它是一种关系性的、结构性的文明。在这种语境下，"面子"成了核心问题。相互之间的交往，自己在对方眼中的形象，赋予了自己生命的意义。最终所有的一切，都是关于"面子"的，关于如何在他者的镜像中看到自己。如果在那面镜子里你很糟糕，那就是个灾难。

"面子"的概念帮助我理解了我的中国朋友何以从周围的人们那里感受到如此巨大的压力，尽管这些年来中国家庭和其他结构都发生了变化。它也让我意识到，中国人要接受西方那种公开对抗并且常常是具有攻击性的文化是多么困难。英国学校、法庭、商业会议或议会中那种公开批评、贬低别人的言论，在中国都是很难被理解和接受的。

中国人的这些概念和想法，与欧文·戈夫曼（Erving Goffman）在《日常生活中的自我呈现》（*The Presentation of the Self in Everyday Life*）一书中的观点有重合之处。在那本书中，欧文描述了人们在见到别人时如何戴上"面具"。戈夫曼进一步区分了"前台"和"后台"，前台是我们在别人面前表演的地方，后台是我们私人生活的舞台。阿瑟·史密斯在他比戈夫曼早出半个多世纪写出的书中就预见到了这一点。他写道："无论这么理解有多么不完美，关于'面子'的意义，我们必须考虑到这样一个事实：中国人是一个有强烈戏剧本能的民族……"

戈夫曼是在苏格兰附近的设得兰群岛做人类学研究时提出他的观点的。在那里，"面子"比在英国的许多地方更重要；然而，即使透过戈夫曼的观念，我们仍然远远没有理解这种中国式的观念。我来自一个崇尚个人主义的文化，在这样的文化氛围中，别人对我们的看法固然重要；但从我幼年起，我就被教导，自我评价才是最终的检验标准。我在新教的传统中长大，只有我与上帝的关系，以及当他不在身边时我如何自处，才是最重要的。

这种与"面子"文化截然不同，关于何以构成自我的态度，在英语中最流行的诗之一，鲁德亚德·吉卜林（Rudyard Kipling）的《如果》（*If*）中得到了很好的展现。这首诗最后一节展示了我所有受到的教育都试图灌输给我的、源于内心的自信。不要在乎或担心别人对你的看法，靠你自己。

> 如果你能与平民为伍而不失谦恭之态，与王侯散步而不露献媚之颜；
>
> 如果仇敌与好友的爱憎都不能伤害到你，如果你能无论何时都能遗世独立；
>
> 那你就是大地的一切；
>
> 更重要的是，你将成为一个男人，我的儿子！

时尚
Fashion

当我们翻看至少14世纪至今的英国历史时，就会发现，英国人一直是伟大的时尚主义者。无论是男女服装鞋帽、家居用品，还是绘画、音乐艺术、语言、学问等，都在一代一代地迅速变化，而且往往是十年一变。例如，威廉·哈里森（William Harrison）写于16世纪后期的一本书，就表明在成书之前的50年里，他的同胞们几乎在物质和艺术生活的各个方面都发生了巨大的变化。

随着18世纪、19世纪，大英帝国不断扩展的疆土为其本土源源不断输入新的思想和商品，英国的经济在消费革命中迅速增长，时尚的变化也加速了。大约在1780年以后的两代人中，英国从农业文明转变为工业（城市）文明，时尚的变化越来越快。这种一直变化的状态，我一直认为是理所当然的。

当我回顾自己一生所亲历的故事时，我看到时尚的每一面都在经历不断地变化，从爵士乐到流行乐再到说唱乐，裙子的长度不断地变长和变短，艺术和写作及交流方式在不断地变化，阶级和性别也发生了巨大的变化。

我开始以为所有的社会都是这样的，人类是有创造力的，他们会不安分、会厌倦，广告会劝说他们改变生活方式。我以为,不断的、躁动的改变是常态。

当我阅读中国历史(一直读到1949年左右)时我遇到了完全不同的情况。18世纪的思想家孟德斯鸠评论说:"18世纪中叶的中国世界似乎与500年前马可·波罗所描述的中国几乎没有差别。"在那个时期,欧洲发生了变化,但中国几乎"停滞"了。

当然,中国也有变化。马铃薯和玉米等新作物从新大陆传入中国。新的制壶方法或进行茶道或绘画的方法被研究出来。每个朝代都有其独特的风格和时尚——宋、明、清都不一样。

然而与西方的情况相比,让许多评论家和参观者震惊的是中国保守、一致、重复的发展节奏。在很多个世纪里,孙子往往居住在一个与其祖父出生时几乎相同的世界里。

这究竟是反映了中国哲学和语言中深刻的守旧本质,还是在高度不安全的环境中必要的谨慎,抑或者是缺乏推陈出新的经济和营销体系,都不好说。我们可以观察到的是,看看1200年和1900年中国人的衣、食、住、音乐或绘画,你会发现变化非常小。

在林语堂的时代(20世纪30年代),人们可能会认为中国人厌恶风格和时尚的变化——他们永远是保守的。然而85年后我在深圳这座城市见到的林语堂的曾外甥,却生活在一个每天、每周都在以惊人的速度变化的社会。

现在的中国充满了不断变化的时尚元素。从服装到音乐再到视觉艺术，一切都在改变，既有从西方引进最新时尚品牌的欲望，也有大量的本土创意。从虽然不断变化但大致如前的剑桥来到中国的城市，就像从一个保守、呆板、平静、不断重复的世界到一个沸腾的世界。

"胖文明"和"瘦文明"
Fat and Thin Civilisations

有人认为，将所谓的"胖文明"和"瘦文明"进行对比，会卓有成效。"胖文明"是指大多数人有足够的食物，因此他们的体重按现代标准是可以接受的。"瘦文明"是指许多人长期营养不良、发育不良或瘦弱的文明。前者的例子，我最了解的是英格兰。即使与北方的苏格兰相比，过去许多世纪以来，英格兰人也是比较富裕的。

英格兰人的房子很结实，隔热性能合理，他们的家具做得既好又舒适，对很多人来说，衣物可以做到冬暖夏凉。他们穿的是上好的皮鞋，经常戴帽子。他们吃得相当好，许多人吃肉、白面包、黄油和奶酪。他们喝得很好，有啤酒、苹果酒，后来还有茶和咖啡。他们养得起宠物，有假期，工作时间总体上比苏格兰或其他欧洲（荷兰人除外）的邻居少，也不那么劳累。他们是"胖文明"的原型，这种文明不是最近才有的，除了工业革命时期这个特例之外，可以追溯到乔叟的诗或莎士比亚的戏剧所描述的世界。

这种罕见的富裕有多种原因。它们包括：农业生产效率很高，风车、水车、家畜、煤炭和木材等非人力动力得到广泛使用。良好的海河交通和对外贸易增加了财富。人口增长得很慢、土地压力较小、人们结婚很晚、孩子也很少，所以能积累一定财富。庞大的资产阶级构成了各级政府的骨干，这保证了税收制度不会剥夺他们的盈余。英国信贷利率低，市场运作良好，借钱容易，工作机会通常很多。

当我读中国许多个世纪以来的文明史时，我对中国绝大多数人口在过去数千年的状况感到震惊，中国人的境遇直到最近50年全球财富的爆发才得到缓解。

从16世纪开始，许多来中国的旅行家和评论家都认为（借用经济史学家理查德·H.托尼在20世纪30年代写的关于中国的书中的比喻）绝大多数中国人始终生活在"被贫困淹没"的边缘。他们的鼻子刚好"浮在饥饿和灾难的水面上"，所以每隔几年就会"有一个浪头把他们中的许多人淹没"。

他们的状况与英国人恰恰相反——住房、衣服、家具、食物和饮料往往不足，甚至更糟。工作无比辛苦，安全感极低。

中国人在历史上不断面临战争和暴力的威胁；随意更改的税制让任何人的有形资产随时都可能被充公；土地越来越

被过度耕种，产出甚少；很少拥有人力之外的其他辅助手段，不怎么使用磨坊和家畜。人口因结婚年龄小和中国人对子嗣的渴望而迅速增加，然后在危机中又被急剧削减。

当然，也有例外。少数士大夫和少数商人生活讲究，甚至非常富裕、悠然自得。然而他们占人口的比例不到万分之一。几乎每个人都过着我多年来在尼泊尔高原村落目睹的那种艰辛和劳作的生活，我计算过，在那里，一个家庭的平均财富大概是17世纪英国农民的十分之一。

然而我的尼泊尔朋友在历史上会被大多数中国人认为是幸运的。他们有充足的暖气，吃肉喝奶，有相当长的闲暇时间，他们的生活相对舒适，部分是靠国外的汇款。

如果我们要了解中国人，就需要记住这种差异。虽然40岁以下的中国人没有亲身经历过这些，他们中的许多人是"独生子女"家庭中吃得饱饱的孩子，但他们听过这些故事，也和长辈们谈过。他们知道他们的文明才刚刚从那个世界中逃出来。可以想象，中国目前正在做出的巨大努力，改革开放以来，中国7.7亿农村贫困人口摆脱贫困[①]，通过"一带一路"倡议，从巴基斯坦到非洲进行大规模援建，也大概是出于同样的目的，至少有一部分原因是出于这些关于贫困的记忆。

与这一切相比，以美国为例，其经历完全不同。在刚来

---

① 该数据更新于2021年。——编者注

到新大陆的岁月里，美国人的生活是相当艰难的；20世纪初的大萧条更是导致了大量的苦难。但是跟中国相比，美国一直以来都"家底厚实"，在过去的80年里更是如此。西方观察家需要努力想象，才能想出这样一个不同的文明到底是什么样子。

节日庆典
Festivals

在英国，我的日历上有许多法定假日，产生于19世纪后期，目的是让工人休息一天，还有一些反映节令的节日。春天有复活节，纪念耶稣的复活；秋天有丰收节，深秋有盖伊·福克斯烟花节；冬至前后，有圣诞节，预示着耶稣的诞生。我的年轻中国朋友现在经常给我发圣诞和新年的问候。作为回报，我也会在两个主要的中国节日里向他们送上问候。

中国人最重要的节日就是春节，旨在庆祝农历新年的到来。2019年的春节是在2月5日，而不是我们的1月1日。它在中国古代是最长的节日，持续约23天。春节期间会有很多活动，比如舞龙、放烟花、包饺子等。在这个节日，彼此天各一方的中国家庭通常能够团聚。

在这几个星期里，数以亿计的中国人长途跋涉，经常是坐火车，与父母、孩子和其他亲属相聚。大家通常会举行宴会，与几十位亲戚见面。人们互相送礼、聊天和社交，经常讨论婚姻、择偶问题。春节的最后一天是元宵节，这个节日可以追溯到两千多年前。古时候，在那天，会有数以亿计的灯笼被点燃，飘向天空或顺流而下。

中秋节（月圆之夜）是另一个全国性节日，这个节日持续一周（在中国古代）。同样，如果可能的话，一家人都会聚在一起庆祝，特别之处是要送月饼——用各种馅料制作的丰盛的"糕点"，并在上面写上中国的吉祥字。能被邀请参加这样的庆祝活动，或者得到一盒月饼，对一个外人来说是一种荣耀。在中秋节，还有各种其他娱乐活动，包括赛船、舞龙、各种体育活动和舞蹈表演。当然，还有放烟花。

中国还有许多其他节日，有些是地区性的，有些是全国性的。例如，端午节在农历五月初五，其代表活动是赛龙舟。4月第一周前后的清明节，是上坟祭祖的时间，又称祭祖节或行清节。许多中国人，特别是学生和老师，都会到美丽的地方野餐庆祝。有的中国人还在12月21日或22日过冬至节，这时有和家人一起吃饺子的习俗。夏季有夏至，庆祝白昼最长的一天。

令人惊讶的是，有这么多的节日（因为还有许多其他的节日），有些节日持续的时间很长（在一些情况下会持续一个星期或更久），人们付出了多么大的努力，回到家乡与家人一起庆祝这些节日。他们的活动几乎完全围绕着家庭，既为活着的人，在一些情况下也为去世的人。英国人只有圣诞节才有这种家庭重聚的活动，英国的家庭通常是指由祖父母、子女和孙子女组成的核心家庭，特点是四到十几人。在中国可能有几十人。

这些节日，许多可以追溯到几千年前，似乎有着古代拜月文明的痕迹（因为许多节日是与农历联系在一起的），也似乎反映了中国人对祖先的崇拜。古代的历法节日，给这个直到四十多年前还过着近乎纯农耕生活的民族，带来了一种生活上的调剂。

护甲、缠足和体力劳动
Finger-nail Guards, Bound Feet and Manual Labour

第一次来中国后，我的朋友格里送给我一个银制的护甲，我很高兴。这个护甲约有四英寸①长，保护着小指

---

① 1英寸≈2.539厘米。——译者注

头——带护甲的人小指头的指甲很长，跟护甲长度相当。这是政要和高官们佩戴的。我的朋友格里提出，任何一个社会，如果鼓励自己有文化的阶层有一个显眼的标志使他们从不接近体力劳动，那么这个社会就不可能发生工业革命甚至科学革命。

此后，当我思考格里的这番话时（格里是一位成功的发明家和实业家），越来越觉得有道理。在过去的英国，体力劳动和与自然界接触并不被认为是不够高贵的。绅士也可以是农民、制造商或商人。他们可以随心所欲地用双手从事体力劳动或运动。农业和制造业技术的不断改进就源于这种注重实践的精神。我开始体会到"护甲文明"和"动手文明"之间的深刻区别。

直到20世纪，整个欧洲大陆的统治阶级同样认为，体力劳动以及与大自然的接触是低下的，甚至是不纯洁的。这种观点的极端形式在印度得到了体现，婆罗门（掌管宗教事务的阶层，居古印度四个种姓之首）被禁止从事一切体力劳动。耕地、砍柴、饲养动物都会使婆罗门失去纯洁性。

中国在这方面也有类似的制度。社会地位的获得要通过考试制度，在智力活动中取得成功。中国的达官贵人并不像他们的英国同辈人那样，因体能、运动、划船、骑马和射击而受到关注。英国人知道，在他们的体系中，阶级结构是固定的，但每个人都很有可能向上（或向下）发展，成功来自金钱。只有在身体和精神上不断努力，才能达到这个目的——因此，英国才有了寄宿学校并对体育活动格外重视。

在中国，这种贬低体力劳动价值的另一种表现，并不是要使双手在体力劳动中失去作用，而是要使双脚"失去作用"。具体来说，是妇女的脚。许多文明都会把女人隔离起来，通常是通过某种方式把她们与男性社会分开。有时是把她们"囚禁"在后宫里，有时是把她们锁在屋子里，有时是遮住她们的脸和身体。

在过去的中国，人们会折断女孩的脚，然后将脚紧紧捆绑，使其变形以适应小鞋。这个制度据说始于10世纪唐朝末期。数百万人受此折磨，过着长期痛苦的生活，穿着小鞋蹒跚地走来走去，她们的"莲花脚"，据说对男人很有吸引力。这使妇女无法从事很多生产性工作。缠足直到20世纪才被废除。

花草
Flowers and Plants

英国人对自己的花园引以为豪，无论花园大小，英国人一直走在"植物研究和育种"的前沿。然而他们不一定知道，他们的许多植物其实来自中国。从17世纪开始，直到18世纪后期，引进外来植物的涓涓细流变成了洪水。植物学家和收藏家从中国以及东亚和东南亚的大部分地区进口了许多我们现在认为是英国本土的植物——花卉、水果和树木。

著名植物收藏家E.H.威尔逊（E.H.Wilson）称中国为"花园之母"，因为中国是3万多种植物的原产地，占世界植物总数的八分之一。如果把英国的城镇街道、公园、私人花园和富丽堂皇的住宅中所有产自中国的植物都用魔法变没，英国会突然变得非常空旷——也许有三分之二的物种都会消失。在中国偏远地区旅行时，大量的奇妙物种常常让我印象深刻。特别是喜马拉雅山麓东部，以温暖潮湿而著称的云南省和四川省，是花卉种植者和购买者的天堂。只要对中国美妙的花园和他们高超的诗画艺术有些了解，就会明白中国人非常爱花。花和树不仅是植物，还融入了中国高度复杂的象征性景观中。一个中国人看到蝴蝶花可能会想起春天，看到牡丹花可能会想到名利，曾经只属于皇帝的玉兰花代表着美丽，与佛教有关的荷花象征着纯洁，百合花与生育有关，兰花与爱情和美丽有关，菊花与长寿有关，芙蓉花与名利有关。当然，这些不仅与花有关，还与其颜色以及如何摆放、如何与其他象征物排列有关。许多花在中医上也很重要。

G

大型帝国 Galactic Empire / 158

高考与教育 Gaokao and Education / 160

性别问题 Gender / 161

礼物 Gifts / 163

银杏与耐久性 Ginkgo and Durability / 164

玻璃制品 Glass / 166

绿色能源 Green Energy / 168

关系 Guanxi / 169

火药和烟花 Gunpowder and Fireworks / 172

大型帝国
Galactic Empire

　　我是在有数百年历史的以民族国家主导的文明中长大的。我自己的国家英国，一千多年来一直是一个民族国家，是一个有自己独立的法律、语言和认同感的地方，这主要是因为它周围被大海环绕。像意大利或德国这样的大陆国家，是在19世纪才成为统一的民族国家的。整个欧洲，尽管目前在一定程度上形成了一个统一的欧洲联盟，但其中的每个国家都为自己的特色而自豪。它们可能像英国一样，曾在全世界拥有海外殖民地，然而它们基本上是区别于其他国家的受约束的实体。法国在德国面前并不感到自卑和敬畏，即使德国在经济上更强大，葡萄牙对西班牙也是如此。

　　对我和其他来自这样文化传统的欧洲人或美国人来说，很自然地认为中国就是这样的。我们认为它是一个民族国家，尽管在其广阔的领土上有巨大的语言和习俗差异。我们认为它把自己看作"天朝"，而不是同它周围的小国地位平等的"国家"。我们原以为历史上中国一直与其他国家，如越南、缅甸、日本有着和平或战争状态，就像英国对法国或者法国对意大利一样。

其实，我们按照自己的经验来理解一个和我们完全不同的文明是不对的。我们可以将中国的文明模式称为"银河帝国"，也就是说，一个像银河系一样的大型帝国。帝国的中心是"太阳"，是迄今为止最强大、最古老的，对于其他国家是"中央之国"，不是一个国家，而是一个中心或焦点，向四面八方扩散。其核心是皇帝，他的"光芒"随着地理距离的延伸不断减弱，扩散到中国的边疆，然后进入邻国。

周边的国家就像行星一样围绕着中国"旋转"。每个国家都有自己的"航向"，本质上是独立的，但都被"太阳的引力"所吸引，他们的生活都因此受到影响。

周边的每个国家对待中国都像儿子对父亲，或者弟弟对哥哥一样。他们恭敬，定期向中国派遣使节、送上贡品。他们有时也会造反，然后发生战争。但总的来说，贸易和对周边国家的保护是常态，偶尔会发生边境冲突。他们不直接归中国管辖，但他们是"大中华圈"或其影响力范围的一部分。因此，我们认为的日本、越南或朝鲜半岛的许多特征都来自中国。他们是"大中华圈"的一部分。

高考与教育
Gaokao and Education

高考是所有希望上大学的中国人都要参加的普遍的、标准化的考试。它既让中国人感到非常满意，也让中国人感到非常焦虑。

满意的原因是人们相信这是一个基本公平、没有腐败的制度，它给每个人提供了上大学的平等机会，而不会因为参加考试的人拥有的财富或社会地位而被区别对待。高考在全中国的考试时间是完全统一的，很难作弊，是一千多年来科举制度的延续。科举制度，就是一代又一代数以百万计的中国人坐在小隔间里写论文，通过竞争为自己争取更高社会地位的制度；对极少数人来说，这会让他们上升到中国的最高阶层。

当然，众所周知，如果你有能力和关系，可以负担更昂贵的学费，你可以去更好的学校。这种选拔制度可能会有一些"内在的偏见"，但这是非常有限的，而且公开贿赂考官或其他形式的作弊更是不大可能的。这种相对公平的制度也给孩子及父母带来了巨大的压力。制度越是公平，一个人就越不能把自己达不到目标的原因归咎于别人。所有的压力都在个人和学校身上，考试和死记硬背不可避免地扼杀了创造力、批判力甚至幸福感。中国人从小学开始就承受着巨大的压力，他们的目标是高考，这将决定他们一生的职业进阶。

在20世纪50年代和20世纪60年代的英国，如果你不想进入文法学校，正式考试的成绩对你并不那么重要。相比之下，我可以看到高考制度带给人们的压力有多大。我也明白为什么许多比较富裕的中国人都在试图逃避这种考试，要么选择在一些最好的中国学校里参加国际文凭课程，这样就可以进入西方的大学，要么把他们的孩子送到西方学校去，从12岁开始有些孩子就被送到国外了，当然还有很多高中生。

当然，高考有着中国文明的一个非凡特点；从传统意义上说，几乎所有的社会流动都集中在考试成功上。中国同世界上所有其他文明都不同，把教育、知识作为晋升的"唯一手段"。没有阶级、种姓或其他永久性的等级制度，所有的一切都取决于学习如何成为一名管理者。数亿人生活在一个文化水平被如此高度重视的世界里，高于习武、经商甚至宗教方面的功绩，这是相当令人震惊的。

性别问题
Gender

20世纪的性别革命是中国最令人印象深刻的成就之一。至少两千年来，女性的地位一直被认为是低于男性的。这是儒家思想的核心，强调男尊女卑，也是基于男权主义和包办婚姻的家庭制度的核心。

男尊女卑在公元1000年左右时达到了极致，当时女性缠足的现象十分普遍，即使有社会地位的上层社会的女子也只能待在闺阁里。

19世纪下半叶，传教士和改革者试图提高女性的地位。20世纪20年代，中国女性开始接受了小学水平以上的教育。然而，1949年后，女性的地位才真正迅速提高，女人与男人是平等的。她们在战争中与男人并肩作战。

虽然女性在行政部门和企业中的代表人数仍然不足，但在职场中，她被基本上被视为与男性地位平等的劳动力。独生子女政策显然促进了她们的自由。女性有必要继续工作，许多家庭有两个在外挣钱谋生的人。

想起我在中国的朋友，从百万富翁到各类专业人士，很多非常杰出、非常受尊敬的都是女性。在我熟悉的人中，妻子在所有的决策中显然与丈夫具有平等的地位。在学校和大学里，女性做得同男性一样好。

换句话说，在短短80年间，在中国两性关系发生了革命。男人和女人仍然被公认为是不同的——阳和阴，中国文明的性别划分仍然是中国思想的基础之一。然而，这种差异不再被置于等级制度中，长期以来公认的男性原则中也体现了一些女性的主导作用，反之亦然；例如阴阳符号，也软化了这种对立。

礼物
Gifts

在我成长的文化中，赠送礼物的场合和用途都相当有限。人们往往在某些特殊的场合才赠送礼物，如生日、圣诞节和婚礼。礼物主要是在家庭成员之间赠送，特别是老一辈赠送给年轻一辈。礼物非常能表现一个家庭成员对另一个家庭成员的感情。

人们也不期望获得对等的礼物。礼物是一种物品，因关系和场合而充满意义，但并不包含任何需要得到回报的"精神"或元素。礼物不会产生经济意义上的"利益"，在许多关系中，礼物是必须被回避的。如果一个人给官员、老师、企业的上级等送礼，会被认为是奇怪的行为，甚至近乎贿赂。人们会认为这种"礼物"是有附加条件的——希望或暗示着送礼的人在寻求回报。

我了解到其他社会关于礼物的认识，礼物被认为具有"精神"，与实物并存。这种精神向礼物的接受者传递了一种压力，要求他们在将来以更大的礼物来回馈。这样一来，礼物成了一种互惠的沟通形式，通过事物说话。因此，我对礼物在尼泊尔以及后来的日本发挥的巨大作用早有准备。在这些地方，礼物的包装及华丽的特点备受关注。

然而就是在中国，我却遇到了一个让我起初就感到颇为费解的"礼物世界"。在剑桥大学，几乎每一次与新来的中国同事和学生见面时，他们都会带着礼物来。这些礼物往往都很贵重。在收到一幅画、一件珠宝首饰、一幅书法作品或一盒茶叶后，我的朋友们都会告诉我，这份礼物价值成百上千英镑。我除了时间和热情的话语外，通常没有任何能拿得出手的礼物做回馈。起初，我对此深感焦虑，朋友是不是期望我将来能提供什么好处——比如一封推荐信或是一句顺耳的话。

多年后我发现，这些礼物主要是用来表达心意的，而不是具有目的性的。它们表现了送礼人对会面的尊重和喜悦。送礼人并未想得到任何要求对等的回报。

当然，也有一些送礼方式近乎收买——传统的"红包"，是员工送给老板或学生送给老师的。中国政府已经禁止这种行为，因为这种行贿可能会产生腐败。然而，总的来说，中国人在食物、朋友的热情、问候和交谈中加入了馈赠的意蕴，创造出一系列让新人能够融入集体的方法。

银杏与耐久性
Ginkgo and Durability

中国的代表植物是银杏——事实上，它并不是一种

"树"，而是一种蕨类植物，因此它的叶子与我们在其他树上发现的任何一种"更现代"的叶子形状不同。银杏是中国的一个非常贴切的象征，有几个原因。其中第一个原因是，银杏作为地球上现存最悠久的古代文明的象征，非常古老，是唯一一种从恐龙时代和最后一个大冰河时代之前幸存下来的"树"。它作为一个物种，至少有五千万年的历史，而且它从出现到现在一直都没有任何变化。

第二，它的生命力无比顽强。当美国人在日本的广岛投下原子弹时，在遭受原子弹破坏的中心地带的附近，唯一幸存下来的是两棵银杏树，它们一直存活至今。这种坚韧的品质确保它在其他大部分植被被冻死的情况下仍能生存。中国人同银杏一样，也非常坚韧。

第三，和中国人一样，银杏具有惊人的自我繁殖和繁衍能力。部分原因是它有两种不同的繁殖形式。它结出的果实或种子，至今在传统医学上都很受重视，能治疗很多疾病。如果有必要，它还可以通过更不寻常的方法进行繁殖，即剪取位于它低处的枝条，进行扦插繁殖，培育出新的植株。这种双重繁殖方式与中国的另一个伟大象征——昙花的繁殖方式类似，既能播种，又能扦插。

中国人播种、生根、繁衍，如今在世界各地都能看到他们的身影。他们无比勤劳，适应性强，善于合作。

最后一点，我们再来谈谈银杏的奇特之处，它就像竹子一样，非常特别，地球上再没有其他类似的植物了。中国同银杏一样，自成一体，是其所属物种类别中唯一幸存的成员。在其他国家诞生之前，中国就将一个古老文明的元素带入我们的世界。中国古老而现代，银杏也是如此。

玻璃制品
Glass

我对玻璃的历史和作用知之甚少，对这样一种无处不在的物质几乎一无所知，直到近20年前，我开始与我的朋友格里·马丁一起编写一本关于世界玻璃史的书。

随着我们对这一课题的探讨，我越来越意识到玻璃是一种无比神奇的物质，它既不是固体，也不是液体，而是物质的第三种状态：半透明，无比坚固，可塑性强，可以使光线弯曲，并有可能将人类最重要的感觉官能——视力，提高许多倍。

我开始明白，如果没有玻璃，欧洲文艺复兴就不可能发生；正如达·芬奇所说，"画家首先应拜镜子为老师"。我也开始明白，如果没有玻璃，科学的进步就不可能完成。例如，伽利略和牛顿在科学上的突破，罗伯特·波义耳（Robert Boyle）发现真空，列文虎克（Leeuwenhoek）发现微生物……都不可能实现。玻璃开启了、至少是推动了我们现代世界的发展。

当把视角转向中国和日本时，我曾以为在那里会发现类似的玻璃用途，但我惊奇地发现事实并非如此。中国人早在两千多年前就掌握了制造玻璃的技术，并在唐代就制造出精美的彩色吹制玻璃首饰；但在威尼斯发展起来的玻璃制造方法并没有在中国出现，直到17世纪末传教士才将其引入中国。中国人同日本人一样，或多或少地忘记了玻璃，直到西方人带着令人惊奇的玻璃器具和饮水器皿来到中国时，他们才又"撞见"了玻璃。

中国人不屑于使用玻璃有很多明显的原因。他们有很好的替代品来代替玻璃的几种用途，用纸做窗户，用精美的瓷器喝水。由于这些原因，他们没有采用玻璃这种耗费大量燃料的工艺品。

然而，玻璃的缺失显然因为中国没有经历过西方的文艺复兴，也没有经历过西方的科学革命。如果没有玻璃，这两个重大的变革都是不可能实现的。玻璃是一把中国人缺失的密钥，而有了密钥却不一定能打开门。玻璃是打开通往新世界的必要条件，却显然不是充分条件。

绿色能源
Green Energy

几百年来，甚至几千年来，中国的自然环境一直承受着巨大压力。与世界上其他地方一样，随着时间的推移，传统农业使农民赖以生存的森林、清洁的河水和肥沃的土壤遭受破坏，过度放牧破坏了草场。这些都是正常的趋势，而在中国，这些情况却因特殊因素而不断加剧。

第一，中华文明历史悠久，与此相比，大多数文明都是在几百年前才扩展耕地的。在中国，很多用于农业的土地已有一千多年的历史。自然界中肥沃的土壤、原始森林、纯净的水源都被反复使用，直至枯竭。

第二，中国的人口呈井喷式增长，尤其是近五百年以来，人口从1亿左右增加到现在的14亿。

第三，东边太平洋台风的袭击和西边高原沙漠的蔓延，长期以来都使农田一直被破坏。加之，中国大部分地区是由岩石和山地组成，特别是北部、西部和南部，我们就不难理解理查德·H. 托尼在20世纪30年代访问中国后说道："除森林和劳动力外"的一切事物上都厉行节约，诸事勤俭，但"森林已被肆无忌惮地砍伐，土地被肆无忌惮毁坏"。

总之，当理查德·H. 托尼在20世纪30年代做调查时，中国的情况看起来很糟糕。借用一下富兰克林·H.金关于中国农业的经典之作（《四千年农夫》）的标题，"两千年来农民已经卷入了生态破坏的旋涡"。

然而，当我们现在环顾四周时，我们发现情况正在发生巨大变化。我曾到过许多地区，目睹那些地区展开退耕还林并取得了一些成功。甚至部分西部沙漠也在被改造。目前，中国的森林覆盖率约为23%，我们可以将其与英国森林覆盖率的10%相对比。能源资源——传统上是木材，最近是煤炭——的压力，也已经减少了。中国现在是绿色、无碳能源技术的主要生产国之一，正在部署大规模的风力发电站、太阳能电池板和水电站。中国在绿色能源的对话和生产方面正在引领世界。中国作为一个为世界提供希望的榜样，已经开始扭转以前的局面。

关系
Guanxi

知道谁是你可以信任的人是很重要的。任何一种需要多人参与的活动，必须建立在有效合作的基础上。在大多数社会中，能够实现有效合作的人际关系是多样的。其中的第一个是家庭关系。你可以信任你的家庭中的其他成员并与之合作，因为你们有长期的共同利益、亲近感、对于对方的了解，以及由一系列重叠的生活轨迹带来的，良好行为的保障。你的父亲、兄弟、侄子或堂兄弟是与你有共同血缘、祖先、生活环境的人。在家庭之外，世界可能是一个充满敌意和危险的地方，尤其是当你受到了不公正的待遇时，你可以申诉的法律体系可能是薄弱抑或不存在的；而在家庭内部，则是安全的。

邻里关系可以作为第二个实现有效合作的基础。如果你生活在一个村子里，人们从小就相互认识，那么人与人之间就形成了一种压制不诚实行为的无形力量。你与同村的人面临共同的威胁，在许多活动中互相依赖。

第三个可以在人们之间建立信任、实现有效合作的基础是宗教。这一点在少数宗教群体中尤其明显，因为他们与多数人信仰不同且经常受到多数人的迫害。犹太人、贵格会教徒和其他少数教派的人之间的信任程度很高，因为上帝，他们相互信任，和谐相处。

在英国社会里，这些正常的信任机制的作用是薄弱的。家庭小而分散，没有共同的目标。人口流动性很大，所以你经常会遇到陌生人。基督教义对信徒在道德上有一定的约束力，但经验表明，基督教徒同任何人一样，也可能是不可信的。

在这种情况下，英国人开发了其他相互合作的途径，以及惩罚那些背信弃义或没有履行合同和承诺的人的方法。这其中包括根据特定职业从业人员在人们心中的口碑来选择与谁合作，值得信赖的律师、神职人员或商人就这样被人们所熟知。然后是通过新教植入了一种普遍化的美德伦理：说谎、欺骗和其他反社会行为都是原罪，在来世将受到惩罚。

最重要的是，英国过去和现在都有一个非常强大和复杂的法律体系。这种法律体系特别注重对于经济活动的规范和保持诚信的必要性。在法院，法官要以正直、公平和诚信的理念为基础，遵守法律的精神和条文。

在过去的许多世纪里，中国可以依靠亲情关系和村落凝聚力这两大机制来支撑其社会和经济发展。除此之外，中国人还发展出了一套基于"人脉""联系"或者说是"关系"的合作系统，以填补空白。比如，在长途贸易中，必须与陌生人建立信任"关系"。这种机制意味着，在缺乏公平、可预测和强有力的商业法律制度（在过去的四十多年里变得愈加重要）的情况下，你可以进行多种交易——从订婚到借钱再到把货物送到远方并等待买主支付货款。

在现代中国，家庭越来越分散，地域流动率很高，人们经常搬到大城市，在那里，他们与陌生人的关系是短暂的。因此，需要类似于西方部分地区的非私人信任关系。

然而，"关系"的本质是在一个不可信的世界里建立一种相互信任的关系。当第三方认识签订合同的双方，并能确保他们的可靠性时，这种"关系"就可以为其可靠性做出承诺。"关系"网络是随着时间的推移而建立起来的，每一次满意的交易都会加强它。它的效率非常高，很难想象像中国这样一个庞大的、多样化的文明在没有它的情况下如何运转。它不是黑色经济，也不是系统性的腐败，而是类似于欧洲地中海地区的"朋友的朋友"系统。

火药和烟花
Gunpowder and Fireworks

哲学家弗朗西斯·培根将火药的发明列为历史的转折点之一，认为它与印刷术、指南针一样，是将现代与古代区分开来的伟大发明之一。他没有提到，所有这些发明都是从最早发明它们的中国传入欧洲的，他也无法预见到火药不同的使用轨迹——东西方之间差异很大的证明。

火药于9世纪在大唐帝国被广泛使用。火药被采用并用于向横征暴掠的骑兵发射弹丸，更多是为了恐吓对手而不是用来杀伤敌人。然而，火药武器在被发明出一千多年后，才在中国慢慢发展起来。到了19世纪，与一千年前的情况相比，火药的应用并没有很大转变。

在1840年的鸦片战争中，英国人凭借机关枪和装有大炮的巨型装甲战舰与中国人作战，士兵携带着步枪，中国武器的原始程度令他们震惊。堡垒城墙上的大炮往往是用木头做成的仿制品，或者根本不能使用，英军可以在远离中国古董火枪射程的情况下造成杀伤。

造成东西方在火药的使用上出现不同轨迹的原因可能有很多。其中一个原因是，这种火药武器在对付中部草原上的骑兵射手时作用不大，对付巨大的城墙也不是很有效。如果它们落入普通民众手里，也可能被认为是对中央帝国的一种威胁。

在16世纪初火药武器被葡萄牙人引入日本之后——重要的是，这些武器来自欧洲，并不是由日本人自己发明的，就像他们从中国学到的很多东西一样——它们在日本盛行了大约一个世纪。然后，幕府将军完全禁止民众拥有这些武器，他们保存在军械库里的少数武器除外。他们意识到了火药武器对其统治的潜在威胁，中国人可能也有同样的感觉。

在欧洲，一个接一个的民族国家为了争霸战斗不断，以致推动了火药技术的快速发展。那些反对火药技术的人，如奥斯曼土耳其人，认为这是不人道或不道德的，最后他们在战争中失败了。而那些像英国人那样用最新的大炮武装自己船只的人，赢得了战争。

在中国和日本，旧的战争方法得到了保留。所以在19世纪中叶，当西方先进的火药武器同他们古老的军队进行最后的对抗时，西方处于巨大的优势；除此以外，英国的武器可以更准确、更迅速、更远程地进行射击。

这是中国没有忘记的教训。在美国核导弹和军舰的环伺之下，中国在最新武器装备上的投入，虽然没有美国那么大，但也是相当大的。如果美国对中国发动常规战争或核战争，中国在鸦片战争中的惨败绝不会重演。这样的战争中不会有赢家，只能造成巨大的破坏。

古代中国人并没有开发出越来越先进的火药武器，而是为这种发明找到了更好的用途——烟花。中国的烟花无处不在，每逢吉日或特殊场合，中国都会燃放烟花。2008年北京奥运会上盛大的烟花表演，就是对火药神奇历史的盛赞。

H

卫生和保健 Health and Healthcare / 176

高水平均衡陷阱 High Level Equilibrium Traps / 179

幽默感 Humour / 182

卫生和保健
Health and Healthcare

由于我来自西方，中国医药几个世纪以来的发展情况让我感到它与西方的医药传统非常不同；尽管随着过去四十多年西方医学和医院进入中国，这种差异正在迅速缩小。

中西医差异之一体现在医学专业的理念上。自古希腊人在医学上取得了迅速的进步，特别是阿拉伯医学传入欧洲以及中世纪大学从13世纪发展起来以后，欧洲的医学知识和培训水平都有了极大的提高。西方大学的核心学科之一是医学。几百年来，在西方国家，医生一直是一个重要的职业。他们的社会地位与律师、神职人员和学者相当。当时的医学专业有规定的课本和考试，即使在我们现在看来，这些方法尚显粗糙。

在中国，直到最近四十多年才有了相应的东西。中国古代的学院里不教授医学，医学在以儒家为基础的考试制度中也没有任何作用。当然，中国有很多中医从业者，但并没有医学这个专业。

除此之外，西方从中世纪晚期开始就有教会医院，到17世纪发展出现代医院；而中国基本上没有给病人治疗的专业组织。病人没有被安置在专业医院的病床上进行治疗。其结果之一是中国没有发展出护理行业。

显然，中西方对于疾病是什么、身体如何运作和最佳治疗方法的基本概念是完全不同的。虽然中世纪西方人对不同的"体质"的观念以及对于"热性""寒性"疾病的治疗方法和草药的使用同中国有一些相似之处，但还是有差异的。

基本上，从古希腊人开始，西方人就认为身体是一台机器，其独立的部分可能会出现问题，应该通过物理干预——使用强效药物、放血和切除受损组织来治疗。

在中国，身体与自然界是一个连续统一体。它被看作是一个整体，一个相互联系的生命实体，就像一棵树，各个部分相互沟通；正如树叶与树根，树枝与树干相连一样。此外，身体是更广泛的物质的一部分，因此它可能会受到风、水、月亮和星星的影响。

在这种情况下，中医通过针灸等技术，使痛苦的部位恢复一致或和谐。例如在颈部或肩部扎针，可以缓解脚部的疼痛；或通过服用许多草药和取自动物身体的药材，包括人参、大黄、茶叶以及熊、老虎或象的部分组织或牙齿，来恢复身体。

在这样的背景下，到了20世纪50年代中国并没有照搬西方的医疗体系（如现代医学知识、医院、医生和护士等）。而且，中国人口众多，自给自足的农民分布在无数个偏远的村子里，他们无力承担医生和医院的昂贵费用。于是，出现了一个典型、巧妙且独特的中国解决方案——"赤脚医生"。"赤脚"这个词强调了这些受过短暂训练的人的布衣、贫穷和业余的特征，他们被派去给农村的广大人民提供简单的药物。他们只带着一些简单的药方，报酬很低，却能帮助人们减轻很多病痛。

20世纪80年代后，这一模式被现代西式医学所取代，尽管它与传统的中医方法并存。现在，中国拥有很好的医院和医生；而且在最基本的层面上，多数人都可以免费获得药品。但是"赤脚医生"计划对于其他贫困国家，如印度或非洲部分地区，仍是一个启发。这些国家正处于推出基本医疗服务的早期阶段。

"赤脚医生"计划也可能给未来一个启发。随着医药，特别是医院的费用越来越昂贵，而人口的年龄越来越大，为缓解这一问题造成的大部分压力，一个显而易见的办法是建立非常本地化的、半业余但受过训练的辅助型医务人员为当地社区工作，他们可以处理许多较轻微的疾病。

我曾在尼泊尔的一个村子里实践了这样的计划。我意识到，在一个远离医院和诊所的地方，到当地村子进行1天左右的非常简单的培训，再加上十几种基本药物的储备，就可以缓解当地人多达一半的日常病痛。中国人也在村一级率先采用类似的方法，为其他解决方案提供了灵感。

高水平均衡陷阱
High Level Equilibrium Traps

历史上的一大谜团是，为什么中国没能凭借13世纪前的早期发展成果，成为第一个现代经济强国。到了宋朝末年，中国已经是一个非常先进的社会。除了早期的纸张、丝绸、印刷术、茶叶、陶瓷、火药和指南针等伟大发明外，宋朝人还制造了第一台机械钟和第一台动力驱动的织布机，比西方的阿克莱特（Arkright）等人的发明提前了500年。货币、商业、城市生活，都得到了极大的发展，当时的中国是地球上最强大的文明。

然而，当孟德斯鸠和亚当·斯密在500年后观察世界时，中国却几乎没有变化和发展。它似乎是"停滞"的，甚至在倒退，他们对它的惰性感到困惑，特别是与西方的动态相比。

有关中国发展停滞的解释有很多，但在考虑其中一种说法前，值得指出的是，中国的"停滞"并非特例，而是很正常的。从中国看欧洲，人们会发现，同样的事情在稍晚一些的时候也曾发生在整个欧洲南半部。如果你看一看1600年左右的西班牙、葡萄牙、意大利、法国和德国，会看到巨大的活力、创造力以及在农业和工业生产方面的蓬勃发展。那里有活跃的大学、强大的自治城镇、权力受到制约的君主和政府。

但如果看一下1750年前后的同一地区，正如亚当·斯密观察到的那样，整个地区似乎都在倒退。大学要么关闭，要么奄奄一息。城镇和城市自治已经被专制主义统治者大大削弱了。瘟疫和疾病正在蔓延。农业衰落，牲畜使用量减少，人口严重过剩。17世纪可怕的30年战争蹂躏了大部分地区，从俄国到西班牙，特别是在法国，权力的平衡已经让位于专制统治者。意大利和西班牙的科学和文学已逐渐消失，宗教裁判所的权力越来越大。这是一个类似于中国发展"停滞"的故事。

这说明，要解决这个原先人们认为只发生在中国的问题，需要从更广的角度找答案。欧亚大陆的两端似乎都遇到过一些无形的发展障碍。事实上，这也是亚当·斯密想传达的信息之一。传统农业经济的增长是有限度的。动植物和不断增长的人口只能拉动一定的生产力。生态多样性、森林和水资源的丧失以及土壤的退化，开始使劳动力增加所带来的边际收益越来越少。

东西方都曾经历过发展停滞，这种情况可以用伊懋可在他的《中国历史的模式》中针对中国的问题提出的术语来描述，即"高水平均衡陷阱"。伊懋可描述了经济如何较快地增长到一个新的高峰，然后在一个高位均衡点上停止上升，甚至可能下降，颇像字母"S"一样。这是经济的本质，也是亚当·斯密的继承者、西方第二位伟大的古典经济学家马尔萨斯描述的经济规律。

马尔萨斯认为，在资源快速增长的同时，人口增长的速度会大于资源增长的速度，最终会不可避免地导致战争、饥荒和疾病。无疑，中国可以被看作是沿着马尔萨斯描述的这条路径发展的。例如，在1700年至1830年，中国人口从约1亿增加到4亿。贫困加剧，土壤恶化。从各种层面来看，它都陷入了高水平均衡陷阱。

把这种高水平均衡陷阱，即传统技术限制了经济增长，看成是不可避免的，使我们意识到，真正的问题是要解释为何只有英国一个国家沿着以化石燃料为基础的工业发展路径，设法摆脱了这种陷阱。这显然不仅仅是有无可用的煤炭资源的问题。中国有巨大的煤炭储量，日本也有，当然还有法国和德国北部的鲁尔河谷。但这并没有让中国、日本和德国逃过一劫。欧洲其他地区在第一次工业革命后花了大约两代人的时间才加入英国的行列，这一转变并不容易。

非同寻常且值得关注的是目前情况的反转。前几个世纪充满活力的西方，特别是美国，现在似乎被锁定在另一种高水平均衡陷阱中，受困于第一次和第二次工业革命的旧技术——蒸汽动力和后来的化石能源。全球变暖的负面效应可能会摧毁许多成果。现在看来，中国却最有可能提供突破性的新模式，使我们暂时摆脱一些陷阱。

中国在太阳能和其他可再生能源技术方面处于世界领先地位。它是物理和数字通信新技术的先驱，并拥有发展很快的计算机产业和非常先进的人工智能研究水平。当人们到访中国时，会感觉中国比其他任何国家都要更现代和先进。

中国不再被视作是一个落后、过时、内向和衰弱的文明，而是未来的希望，成为日益危险和分化的西方世界之外的另一种选择。

幽默感
Humour

通过观察人们的笑点，可以了解到一个文明的很多东西。谁和谁开玩笑、笑什么、以什么形式开玩笑（闹剧、滑稽戏、反讽、讽刺），都是可供参考的指标。幽默的主题是什么？人们对幽默的反应是什么？

英国文化是一个非常重视幽默的文化。英国人喜欢反讽、讽刺和夸张的幽默。从乔叟开始，英国最伟大的文学作品中，都充满了这样或那样的幽默。在我去尼泊尔的时候，当我到了可以用古隆语讲笑话的阶段，且人们会笑的时候，我很高兴。我发现我的英式幽默感似乎很好理解，我和朋友之间也充满了笑声和玩笑。我对自己在中国也有类似经历并不感到奇怪。

英式幽默和中式幽默似乎有重叠之处。有些东西是英国幽默的核心，但在中国不存在或多少有禁忌。尤其是，在中国让他人在公共场合难堪、"丢面子"、显得可笑或失去尊严，是不礼貌的，也是不好笑的。但这种幽默在英国几百年来的日常生活中占有非常核心的地位；在中国虽然也很常见，但几乎只在舞台上出现。

因此，英国流行的"吐槽"系列图片中的那种幽默，即让前首相撒切尔夫人和约翰·梅杰等几位领袖人物，以及其他许多政界以外的知名人物都显得很可笑，在中国是不可能被接受的。英国下议院中的许多玩笑在中国都是禁忌。事实上，从乔叟到莎士比亚再到奥斯卡·王尔德，一大批英式幽默如果放在中国都是出格的。

在中国，大多数情况下，家庭生活也不能被拿来开玩笑。整个婚姻领域都是英式幽默的主题，但在中国不可以在公共场合开这个领域的玩笑，在开与性相关的玩笑时也要非常小心。

除了这两点，中式幽默和英式幽默似乎在很多地方都有重合之处。我咨询过的年轻中国朋友和其他权威人士经常谈到"中式幽默和英式幽默没有什么不同"，这一定是真的，因为如前所述，我发现在私下聊天时和中国听众分享我的英式幽默是相当容易的。据我所知，中国人和英国人都喜欢荒诞可笑的事情，而且中国爱之更甚。所以，《巨蟒剧团之飞翔的马戏团》（*Monty Python's Flying Circus*），或约翰·克里斯、憨豆先生的作品中那种疯狂、荒诞的幽默在中国很受欢迎。

两种文化也都喜欢"冷幽默"，即喜剧演员说一些非常有趣的事情，而没有任何面部表情来表示这是一个笑话。另外，两种文化都喜欢反讽，表面上说一件事，意思却相反。这是英式幽默中最重要的一种形式，在中国也很有市场。在中国，这种幽默往往与一种阴郁、压抑、自卑的情绪结合在一起。

甚至还有一些不好的或毫无意义的笑话。这些笑话在中国被称为"冷笑话"。它们是没有结尾或笑点的笑话，目的是为了让人哑口无言，有时在美国被称为"老爸的笑话"（Dad jokes），即老爸想要表现一下幽默却冷场的笑话；或者在英国被称为"长毛狗故事"（shaggy-dog'stories），即冗长而无趣的笑话。幽默正来自这种笑话的难以理解之处。人们需要相当多的思考，才能想出它为什么好笑。在中国，它之所以被称为是"冷笑话"，正是因为它就像鬼故事一样，会让人不由自主地打哆嗦，而不是大笑，在大热天里让你感到凉意。

　　说到中式幽默的独特之处，我们可以拎出几个方面。首先，中国的笑话更多依赖对中国历史和文学浩瀚典故的交叉引用，因此不容易被翻译成英文。这些笑话和艺术一样，更多的是引经据典，几乎是具有象征意义的。

　　其次，英语与中文普通话及其方言之间有相当大的差异。幽默或讽刺在英语中是借助特定的、能被普遍理解的语调来表达的。而像汉语这样有声调的语言，情况就复杂得多了。中文有成千上万的同音异义字（两个字发音相同但意义不同的字）和同音异形异义字（两个或两个以上的字有相同的发音，但意义、起源或书写不同）。与英式幽默相比，很多中式幽默都是基于这些特点衍生出来的双关语。

　　这些特点都包含在一种中国最著名的幽默表演形式中，它实际上更像戏剧，这就是"相声"。相声的节奏非常快，充满了双关语，还包括歌舞。相声由两个演员表演，集说、学、逗、唱为一体。当然，英国也有这样的形式——《莫堪比和怀斯秀》（*Morecambe and Wise*）就是英语相声的一个杰出典范。但总体而言这种形式在英国不如在中国那么受欢迎。

　　还有许多其他议题。在过去，中国的男人和女人能平等地开玩笑吗，或者说二者能就同样的事情开玩笑吗？官僚与平民之间能开玩笑吗？皇帝是否可以开玩笑？在幽默这一非常能体现东西文化相似性和差异性的领域里，还有很多问题有待发现。

I

工业革命 Industrial Revolution / 188

勤劳和工业化 Industrious and Industrial / 190

知识产权 Intellectual Property / 192

内向型和外向型文明 Inward and Outward
Looking Civilisations / 194

工业革命
Industrial Revolution

历史学家一致描述了欧洲第一次工业革命期间工人阶级在住房、家具陈设、公共卫生和医疗条件等方面的境遇多么糟糕。在恩格斯的描述中，19世纪下半叶曼彻斯特贫民窟的条件是极其恶劣的，但也许更早的时候更糟糕。同样，尽管中国东南工业中心的工人照片显示，他们的生活条件远不能令人满意；但总的来说，他们的遭遇似乎没有英国维多利亚时代早期的工人那么悲惨。

虽然我没有去过中国的所有地方，但我去过很多正在进行工业化的城市。我的印象是，中国工人的生活条件与原来的西方相比是不错的，而且发展的速度和规模要大得多。在西方，甚至在中国国内，都有很多关于中国食品安全堪忧、水和空气被污染的新闻报道。但我们了解到的情况并没有那么恶劣，而且远没有第一次工业革命（持续一个多世纪）时英国的情况严重。

最后，如果我们想到绝对贫困，想到狄更斯、恩格斯等人描述的遍地乞讨、赤贫、人们在饥饿线上挣扎的现象，或者我们今天在非洲、南亚或南美洲的其他工业化城市看到的情况，中国的表现则令人刮目相看。

我前前后后来过中国16次，走遍了中国大部分地区的城市和乡村，从来没有看到过饿死人的情况，即使是我在四川的大地震发生后不久经过震中地区时也是如此。即使与日本相比——日本的赤贫者常住在一些桥洞下或公园里，中国的情况也好得多。比如，在2013年的一次中国六周行中，我穿过许多拥挤的街道和市场，在中国的国庆节假期也加入了热闹的人潮中，我只记得看到了大概六七个乞丐，他们都有很严重的身体残疾。但大多数发展中国家里常见的年轻人或妇女乞讨的景象，在中国没有出现。

英国工业革命的另一个特点是出现了非常显著和严重的贫富差距。这一时期既有很多住在乡间大别墅里的地主和实业家，也有大量贫困的城乡工人。当然，中国也出现了新兴的超级富豪阶层。

这些只是一些直观印象，但它们也许对消解一些外人对中国的错误描述很有价值，因为这些错误的描述往往是把一两个骇人听闻的案例放大。

中国是如何实现这场史无前例的革命，同时又把痛苦和愤怒的副作用控制在合理水平之内的呢？中国信仰的共产主义平等思想、社会主义理想无疑是有帮助的；并且运用科技很大程度上减少了城市发展所带来的一些副作用。中国人在19世纪至20世纪的内忧外患中，都表现出了坚韧、顽强和互助的精神。老一辈的中国人现在一定觉得很神奇。我记得1996年，中国东北的农民告诉我们，他们可以经常吃到肉，还可以为自己的房子买家具。那时他们觉得中国在发生巨大的变化。而自那以后，中国人的收入增长了10倍甚至更多。

勤劳和工业化
Industrious and Industrial

我来自一个许多世纪以来被西方其他国家视为充满懒人的国家。贵族和上流人士除了追求自己的享乐，其他什么也不做。城镇居民、商人和制造商们过着相对轻松的生活，数数钱，雇用他人。从事农业的人口生活也相对轻松，无非是饲养动物；而种地的人也有大量牲畜和磨坊。

当然，这都是比较出来的。一名现代的农民或专业人员会觉得工业化前英国许多人的正常工作负荷已经够累的了。然而与许多法国、西班牙或意大利农民相比，英国人似乎是幸运的；至少在工业革命时期矿山和工厂里的"残酷剥削"出现前，英国人是幸运的。

当我以人类学家的身份到喜马拉雅山的一个村庄调研时，我才发现历史上大多数社会的命运是什么。虽然他们有休息的时间，但大部分时间都是在陡峭的石坡上挣扎，很少有牲畜或磨坊等生产工具。他们的腰部和手脚承受的压力几乎是我难以想象的，尤其是在种植水稻的艰苦工作中。来到日本，我才发现那里的情况与我自己国家形成了多么鲜明的对比。统计资料显示，日本农民的工作时间比欧洲任何国家的农民都要长得多，工作条件也更艰苦。

因此，在某种程度上，我能够预想到中国人在辛勤工作这一点上有悠久的传统。并且这个传统不应该被遗忘。几千年来，中国人在工作中一直是无比勤劳和充满智慧的。在与洪水和饥荒、与掠夺他们土地的地主和军阀的斗争中，以及在进行艰苦的劳动密集型水稻种植作业时，他们始终在努力工作。

时至今日，这种传统精神以不同的形式呈现在中国社会中。这种传统精神，我们可以在为了考取好大学每天学习12小时以上的无比勤奋的孩子身上看到；可以在辛勤劳动、积累财富的海外华人群体中看到；可以从中国过去30年建造的大规模基础设施中看到。光是想想那些令人惊叹的公路和铁路，那些拥有高楼大厦的大城市，想想这些倾注了多少艰辛的努力，就令人感到惭愧。

在一定程度上，由于中国人能长时间做那些比较艰苦的工作且生活水平很低，中国人的工资水平也很低——远远低于与他们做同类工作的西方人。中国人令人难以置信的勤奋和敬业精神、解决问题的实际应用能力，以及高效的合作能力将继续使中国在可预见的未来成为新兴经济体中的大国。

知识产权
Intellectual Property

思想和技术的渐进式发展往往通过偶然的机会或实验来实现，人们借此找到更好的方法来解决理论或实际问题。丝绸、纸张、瓷器、茶叶的制作方法，都是中国早期颠覆性创新的例子，而且每一种创新都会经过一段时间后得以改良。问题是，如果一个好东西被发明出来，就会被别人模仿，发明者很快就会失去自己的突破性优势。处理这个问题的方法主要有两种，而且长期以来东西方都有分歧。

中国直到最近二三十年都还没有建成完善的保护知识产权的法律体系，尽管中国已经制定了一些相关法律。在过去，中国人保护自己发明的唯一方法是保密，除了亲人以外，不告诉其他人如何制作特定器皿或衣服的方法。

这种无处不在的保密措施拖慢了进步的速度，许多有用的技术突破都随着发明者或其下一代的死亡而消亡。中国人的态度是，如果某样东西是众所周知的，或者可以越过保密措施被发现，那么复制它就没有什么问题。这与西方过去几个世纪的观念相冲突。

西方保护知识产权传统可以追溯到古希腊，并且在15世纪的威尼斯和其他地方就已经存在了。然而，现代专利法似乎主要源于18世纪，当时英国人凭借其强大而复杂的法院和法律体系以及一系列灵活的产权观念，制定了成熟的版权法和专利法。他们设立了专利局，并赋予法院更大的权力，以支持那些认为自己的权利受到侵犯的人。这一发展与产权制度的其他层次同步演进。

知识产权可以在一段时间内保留在专利权人手中，但必须通过正式说明，将发明的新内容进行公布和传播。所以，每个人都知道发明的内容，但他们不能做任何与专利规定的工序类似的事情。发明的所有权只属于某些特定人群，又可供公众使用。这是所有权核心思想的一种变体，在其他地方已经介绍过。很多东西既归拥有特定权利的个人或群体所有，也面向公众开放，如公园、路权、图书馆、学校和大学。

中国正在保护知识产权方面做出努力，因为奖励和保护创新也符合他们的利益。然而在引进西方的另一种专利发明——知识产权法律体系建设方面，中国还有很长的一段路要走。

内向型和外向型文明
Inward and Outward Looking Civilisations

不同文明之间的另一个主要区别也值得考虑一下，这涉及它们在经济体系中的内向型或外向型程度。在这方面我们可以看到，中国和日本是内向型的，而欧洲和英语文化圈是外向型的。如果我们聚焦中国的情况，你就可以明白我的意思。

或者正是因为中国如此幅员辽阔，它一直存在着理解和对待非中国的"陌生人"的问题。对于中原王朝的大多数成员来说，在历史上的大部分时间里，来自其他文明的人都是野蛮人，人们可能听说过他们，但没有接触过他们。庞大文明的这种对世界其他地方大体不了解、不感兴趣的倾向，在今天的美国也可以看到。调查显示，美国人对世界其他地方的了解很浅薄，甚至拥有出国旅行护照的人都不多，当然这是指住在远离沿海地区地方的人们。

有几个因素加剧了中国的这种内向型倾向。其一，从很早开始，经济活动（贸易、营销、制造）就被精英阶层看不起。无论是法家还是儒家，都以不同的方式和不同的理由，将普通人的经济活动置于社会秩序的低位。追求利益的行为在文人社会中是被看不起的。在没有公司法的情况下，在强大的政府有权对富豪的财富进行收缴或征税的情况下，大规模的商业经营很难维系。虽然在中国的许多地方，特别是在东部海岸，有大量的小商品交易，但在中国历史上，大型的贸易和制造公司长时间缺席。

同时，中国在广阔的国内航运网络上能够进行大量小规模的贸易，以及15世纪初以后对海外贸易的抗拒，都加剧了其内向型倾向。再加上两批入主中原的少数民族都是内陆民族，对海上甚至陆地贸易没有什么经验和兴趣，因此西方的外向型发展模式在中国遇到很大阻力。

其影响是，中国的海外贸易主要掌握在其他文明的人手中，中间商控制了丝绸、瓷器、纸张和茶叶的出口。在陆上丝绸之路，这些中间商是早期的粟特人和阿拉伯商人；在海上丝绸之路和通往日本的商路上，中间商先是阿拉伯商人，后来是葡萄牙人（1515年起）和其他西方商人。

随着西方国家实力的增强，这些（海外贸易）变得尤为重要。很快人们发现，中国除了一种相当僵化和程式化的方式，并不真正懂得如何与外来商人打交道，由此造成了1792年马戛尔尼勋爵率领英国使团访华时对中国的不理解，然后是鸦片战争的悲剧以及后来的误解。中国人从19世纪中叶开始聘请英国专家罗伯特·赫德爵士来担任他们的海关总税务司，也就不足为奇了。

J

连带责任 Joint Responsibility / 198

《西游记》 *Journey to the West* / 199

连带责任
Joint Responsibility

　　我已经习惯了这样一个世界，在这个世界里，我对自己的行为负责，并且我不会因他人的罪行而受到惩罚。如果我小时候在学校或在家里调皮，我会对自己的行为负责，其他人也不会和我一起受到惩罚，除非他们是捣蛋团伙的成员。

　　这种个人负责制是英国司法的核心，一千多年来一直如此。即使是父母也不对成年子女的错误负责，子女也不会因为父母的过错而受到惩罚，妻子或丈夫也不会因为伴侣的犯罪而受到惩罚。

　　成长于这样的文化背景，我很惊讶地发现，在日本，责任制度是完全不同的，且在中国尤甚。中国的法律规定了如果犯了罪，谁应该受到惩罚以及以何种方式受到惩罚。在历史上，往往一个家庭中的一个成员被认定有罪，整个家庭，包括远方的堂兄弟姐妹和叔叔阿姨，也会受到影响。同样，一个村民犯罪，全村人可能因此遭殃。甚至连祖宗的祠堂都可能被捣毁，家宅被夷为平地，土地被没收。这在我们看来是非常严苛和不公正的。

然而这也体现了中国社会的集体性。你不是一个单独的个体，并非独立于他人之外，而是一个更大主体的一部分，你的一举一动都会牵连他人。这适用于生活中的好事，如家庭或村子里的一个人在科举或生意上的成功，由整个群体共享。但它也适用于坏事，正如我们已经提到的那些情形。

在中国这样一个幅员辽阔、历史上警察和士兵占人口比例很小的国家，这种机制必不可少。随着更加尊重个人价值的法律原则的出现，情况正在迅速改变，但我们仍然可以找到这种制度的遗风：一人之辱，是所有亲友之辱。

《西游记》
Journey to the West

中国四大名著之一就是《西游记》。这也是中国人长期以来热衷于走出中国、向他人学习的证据之一。中国早期的一些僧人，例如法显，他们到印度和其他地方游历，并将佛教经典带回中国。

然而在很长一段时间里，由于国土辽阔且自给自足，中国实际上是封闭的。即使是郑和到非洲和其他地方的伟大航行也在1433年被叫停。此后直到19世纪初，中国对外国人，以及从中国出发旅行并回国的人，都抱有深深的怀疑。当帝国主义国家开始入侵时，如19世纪中叶的鸦片战争，这种不信任有了一个顺理成章的理由。

尽管如此，还是有一些人被送到国外接受教育。19世纪初，传教士将一些中国人送到国外留学；19世纪末，有更多的人出国，不过主要是去了日本。在1912年中华民国成立到后来20世纪20年代北洋政府垮台的短暂期间内，还有一些人出国学习并带回了西方的文化和思想。诗人徐志摩就是一个典型的例子，他于1921年在剑桥大学皇家学院学习，并且试图引进西方的艺术和思想。

在历史上，长期的闭关锁国使中国人不能出国，外国人也不能在除一两个东部港口之外的任何地方定居或经商，这无疑延缓了中国的发展。即使是在中国这样一个庞大的文明中，如果过于受缚和内向，改革和进步也容易被扼杀。社会也失去了多元文化的滋养。就像海边的潮水潭，如果不被定期涌入的潮水刷新，就会变成一潭死水。

与这一切形成鲜明对比的是中国近40年来发生的事情。涓涓细流汇成小溪；小溪又变成了奔腾的江河。自20世纪80年代以来，来华工作的外国人数量，以及中国人（尤其是年轻人）出国留学的人数发生了巨大变化。

起初，到国外大学读书的人往往会留在国外。现在，越来越多的留学生会回到中国，一方面是因为机会多了，生活水平提高了；另一方面是因为某些国家的签证限制和就业机会发生了变化，人们拿到学位后很难继续留在国外。

如今，外国的思想、技术、风俗、风格涌入中国，也被越来越多的中国人接受。从学生到老年人，都可能到欧美国家度假和旅游。比如在英国剑桥大学，十年前只有一两千名中国留学生，现在却有上万人。

K

武术 Kung-fu and Martial Arts / 204

武术
Kung-fu and Martial Arts

中国的"经典名片"之一就是武术。功夫、少林僧人、李小龙武侠片，或是《藏龙卧虎》等电影，都让西方对于中国武术有了很多了解。

中国武术让我感兴趣的，除了围绕它的一些令人兴奋的故事，就是它再次颠覆了我在西方文化中习以为常的一些认知。

在我去日本和中国之前，我一直以为，人文活动中一类是游戏、体育、社会活动，常常与政治或经济事务有关。另一个完全不同的类别是宗教仪式，如祈祷、斋戒、朝拜和做礼拜。然而，当我们审视武术时，我们会发现它恰恰打破了这一分类规则，以一种我们几乎没有经验的方式结合了这两者的元素，尽管其他一些体育项目（如斗牛）可能也有这样的特点。

所有的日本和中国武术显然都是体育、竞赛，且往往是一种格斗。然而，它们也与道教、禅宗、中国佛教或日本禅宗、僧侣和寺院有着深刻的联系。参与这类活动本身就是一种仪式，给予你一种神圣感，使人诉诸一种超越这个物质世界的东西，与茶道或武士道类似。你通过呼吸练习、强大的自律和仪式来控制自己，就像一个苦行僧或瑜伽修行者那样。你通过吸收代表能量的"气"和你对手的力量来赢得胜利。

L

向陆与向海 Landward and Seaward / 208

法律与正义 Law and Justice / 210

爱情和婚姻 Love and Marriage / 216

向陆与向海
Landward and Seaward

  1947年，当我还是个小男孩的时候，我从印度乘汽船回国，我第一次体会到英国是一个岛国，四周都是水。我住在南海岸附近，经常在海滩上捡虾和鱼，在海里游泳。从那时起，我无论走到哪里（不管是在英格兰或苏格兰），离海都不会超过50英里。我理所当然地认为，我们的国家是由海军保卫的，我们的国菜之一是炸鱼薯条，海洋在英国的历史和文化中至关重要。

  后来我才知道海洋对英国的影响远不止如此。我会发现，英国之所以能存续下来，是因为它受到海洋的保护。就像自由在欧洲的西海岸、斯堪的纳维亚半岛、荷兰、法国西海岸、葡萄牙以及意大利地中海的城市中蓬勃发展一样，自由和海洋也被捆绑在一起。我了解到，这些地区，尤其是英国，都是跨越海洋建立帝国的。我发现，文艺复兴和科学革命取得巨大突破的原因之一，正是那些人和新事物随着洋流穿梭于世界各大洋之间，创造出的思想的萌动。

因此，当我们发现中国人不是把目光投向海洋，而是向西把目光锁定在欧亚大陆中部广阔的陆地时，我们感到震惊。如果我们把中国看成一个巨大的广场，那么四面八方中只有一面是临海的。即便是只有这片海域，也是险象环生，多少世纪以来，台风、海啸频发，还有倭寇之患。若非如此，广阔的太平洋上本有很多值得去发现的事物。

诚然，在通往东南亚的海上丝绸之路上有贸易，明朝航海家郑和的大航海事迹表明，中国可以成为一个伟大的海军强国。然而，明朝却阻止了这些耗资巨大，而且没有获得任何实际成果的远航。它们占用了资源，无法用于防御西北边疆少数民族的紧急事务，而少数民族最终攻破明朝首都并推翻了明朝。

此外，中国的水路活动比欧洲更多也是事实。辽阔的河流和运河系统使中国有点像地中海的集合体，到处都是货物、人员和主要港口。然而这又可能转移了人们对海洋的注意力，对人们与海洋之间的接触也产生了不同的影响。

从腓尼基人到古希腊人，从荷兰人到英国人，在欧洲文明发展的过程中，面向海洋发展带来了许多的隐性优势，而中国的大多数地区都失去了这些隐性优势。他们失去的另一种优势，是利用海洋资源让人们远离饥荒的优势，包括将海藻作为田地肥料，以及能够将货物以低价运输到遭受饥荒的地区。

当我们试图理解中国的内在本质时，我们必须把中国视为一个巨大的、相互联系的内陆国家，沿着丝绸之路向西延伸。中国与欧洲的那些面向海洋的国家形成了鲜明的对比，是一种不同的文明。

法律与正义
Law and Justice

在历史上，中国的政治权力主要由皇族和官僚两大集团控制，这意味着中国除了制定一些最基本的法律条文之外，没有必要再寻求更高水平的法制建设目标，而这一制度与西方的法律制度有许多显著的不同。

中国不同朝代的法典会互相借鉴，为了简单起见，我们以明朝初年，也就是大约在14世纪中叶颁布的《大明律》为例进行讨论。它与600年前的唐朝初期法典和400年后的清朝法典有许多重合之处。

有几件事特别引人注目。第一，几乎整部法典都与刑法有关，体现了那时国家（皇帝）与人民之间的关系。这就是一部刑法典。关于民法和涉及皇室成员而要在朝廷审判的案件，该法典没有任何相关内容。

如果我们把《大明律》与大致同时代的英国人亨利·布

拉克顿写的《英国的法律与习惯》相比，我们会发现两者给人的感觉完全不同。布拉克顿的著作比《大明律》早一个世纪，篇幅是大明律的10多倍，布拉克顿的著作中只有一小部分内容涉及刑法和刑罚；大部分篇幅与法律程序、权利和义务、处理财产和财富的方式有关。

到了18世纪中叶，当清朝的法典还没有比明朝的法典繁复多少的时候，威廉·布莱克斯通（William Blackstone）的《英国法释义》（Commentaries on the Laws of England）用了八大卷（是明朝法典的40多倍）的篇幅才得以对英国法律进行了相对全面的介绍。其中百分之九十是关于民法和法院程序的。

第二，《大明律》和其他中国法典在量刑时，都是以当事人的社会关系——特别是家庭关系，为基础的。在《大明律》的开头，就有以父系关系和婚姻关系为基础，精心编制的有关服丧（丁忧）关系程度表。每种罪行都按关系的重要程度和远近来划分等级。

举例来说，伤害或杀死父亲或祖父的行为，远比伤害或杀死兄弟、儿子或外祖父的行为要严重得多。中国的这种嵌入式的、以地位为基础的法律与英国以个人主义为基础的法律完全不同。在英国，无论是在布拉克顿还是布莱克斯通的著作中，家庭关系几乎被完全忽略。中国法典与以地位为基础特点的欧陆罗马法有很大的相似之处。

第三，《大明律》中没有任何关于正当程序的指导原则。英国的法律典籍中有大量关于如何进行审判，什么行为能构成法律指控，什么是证据，以及法官、律师、原告和被告的权利和义务是什么的内容；而《大明律》中却没有这方面的提示。

在古代中国，人们似乎认为，当一个人被指控犯有严重罪行时，他将被传唤并由一名地方官员审问；如有必要，官员将使用酷刑和威胁来得出某种"真相"。显然，这里没有陪审团，没有无罪推定原则，也没有固有的法律权利的概念；甚至没有提到或表示法庭上应有律师，这又是东西方法律制度的一个很大的区别。

一旦被判有罪，《大明律》中规定的惩罚是很凶残的。比如，有五种级别的杖刑，有五种级别的劳役监禁，有三种级别的流放，有两种级别的死刑（绞刑和斩首）。例如，劳役监禁可能包括被囚禁在沉重的"木枷"（一种囚禁头部和双手的木制架子）中数月或数年。还有其他非常残酷的死刑，包括"凌迟"。

中国的法律制度似乎由一套非常简单的惩罚措施组成，以维持社会秩序，家庭中的长幼尊卑，以及这个庞大帝国的和平与秩序。一套无比复杂的法律和程序，类似于中世纪到现代英国的法律和程序，用来处理个人权利和义务争端（特别是与财产有关的权利和义务）的法律制度，就现在所知，在那时的中国基本不存在。在古代中国人所处的世界，人们一出生就根据长幼、性别、父母身份和与皇帝的关系，处于固定而不平等的地位。这些地位的划分是由帝国的法典来硬性维持的。

这样的制度在中国一千五百多年来一直存在着。不到两百年前，中国人才开始尝试进行一些法律制度方面的改革。直到一百多年前，随着清朝的灭亡，中国人才在日本刑法法典的基础上，出台了一部新的刑法法典。由此，中国取消了家庭在刑事方面的连带责任，废除了体罚和奴役制度，禁止使用酷刑。

直到1978年，中国的整个法律制度才重新开始走向现代化，这种变化在过去的20年里不断加快。在许多方面，这与经济改革一样，是一项庞大的、令人印象深刻的事业，实际上也是中国整个改革开放的一部分。

我曾参观过中国的一个中级人民法院，它在程序、人文关怀和规则上与西方同级别的法院做得一样好。通过与中国的各种律师讨论，很明显，我们发现中国已经实行了一系列重大的改革措施，至少在理论上，所有的诉讼当事人在法律面前是平等的；法治社会，包括司法和行政的分离，正在实现。一大批法律专业人员正在接受培训。

作为学习英国法律史的学生，东西方在法律制度方面最后一个历史上的差异令我非常震惊，这涉及法律与正义之间的本质区别。

因为在英国接受教育，我一直认为法律和正义的区别是理所当然的。小时候在学校里，我很快就知道了学校有校规，不要在走廊里跑，熄灯后不要说话，诸如此类。然而这些正式的规则并不适用于生活中的大部分情况，生活中的大部分事务都被习俗和道德所主导。例如，在一场足球比赛中，只有几条规则，但按照公正或公平的原则，很多事情都是应该或不该做的。

而且，就算严格按照法律条文办事，也有可能违背法律精神。这就是为什么我在学校里经常会听到"这不公平"的呼喊和呼吁。人们普遍认为，有一种叫作"正义"或"公平"的东西，大家都会认同，都可以维护。当然，我当时并不知道，这是英国社会和法律史上一个根深蒂固的特点。

在中世纪及以后的英国法律中，英国人的大部分注意力都集中在所谓的"衡平"上，即公平的另一个表述。有衡平法法院，由英国最高法律官员（大法官）主持，保护弱者（儿童、妇女、穷人）的权利，尤其关注那些无法通过普通法律程序维护正义的案件，但"公平"的原则要求正义。例如，如果文件丢失或毁坏了，如果协议只是口头协议但应该履行，如果一种行为不违法但不符合正义，那么法院可以采取行动。

换句话说，英国人一直以来都相信正义，相信他们的法律制度会保护他们和他们的自由。

当我们审视20世纪中叶之前的几个世纪里的中国，或者审视世界上大多数其他国家时，我们发现都没有出现过这种情况。在其他地方，法律制度是残酷的、随意的，是统治者的工具。它完全没有公平的概念，基本上是为了执行一些简单的法律规则，惩治杀人犯、不服从的行为、叛国以及某些形式的欺骗行为。在过去的四十多年里，中国已经改变了许多，进行了大量的法律改革和许多制度建设。虽然现在中国的法治还需要改进，正如许多西方国家也需要改进一样，但情况与早期中国完全不同。

由于这些原因，直到最近半个世纪，"正义"这个词很难适用于中国的情况。公正可能是一个家庭内部的伦理要素，但仅此而已。在家庭和村落之外，不能指望它。诸如"正义不仅要实现，而且要让人看到正义的实现"这样的话将毫无意义。一个英国绅士的标志是他是公正和公平的。一个好的领导、商人的标志就是他是公正的。公正与诚实和其他主要美德一样重要。

这使一个有这种观念的国家具有极大的灵活性和韧性。只要动机是好的，尽量避免伤害的情况下，人们可以采取各种措施，即使出了问题，也会受到正义的保护。弱者受到保护，不受强者的伤害；儿童受到保护，不受年长者的伤害；妇女受到保护，不受男人的伤害。这是一种奇妙的制度，即使对于什么是"正义"，也总是有潜在的争议。毋庸置疑，现在中国的法律体系中已经引入了正义的概念。然而，要做到这一点是非常难的，就像许多以罗马法为基础的大陆法律体系，基本上也缺乏这种（法律与正义）区别，正如他们从19世纪开始试图改变自己的法律体系时所发现的那样。

爱情和婚姻
Love and Marriage

由于东西方的家庭制度长期以来存在着很大的差异，虽然不常被人提起，但差异仍然存在；所以中英两国对爱情和婚姻的态度还是有些不同。

在1949年以前的中国，总的来说，中国女性的地位是低下的。她们被认为是父母、兄弟甚至儿子的附属品。许多世纪以来，这导致中国女性曾遭受了许多羞辱和残酷的对待，例如在几个世纪里，数百万中国妇女的脚被折断之后用布裹起来（缠足）。

这一切在过去60年的两性关系革命中发生了非常迅速的变化。中华人民共和国成立后，男性和女性基本处于平等的地位，这使得女性更容易在现代社会中获得真正的地位。然而，重要的是要记住这种变革发生之前的背景，以及这种背景影响婚姻的方式。

在中国，直到几代人之前，家庭几乎决定了一个人生活的一切，一个人的所有生活都受到家庭关系的影响。人们认为，孩子必须嫁给一个合适的人。至于这个人是谁，不能完全由结婚的人来决定。它必须像任何其他政治或经济问题一样，由整个家庭来规划。

婚事必须在媒人的帮助下精心安排，并通过精心设计的仪式巩固，重新调整整个家庭的亲属关系；必须有彩礼或嫁妆，浪漫的爱情不是决定结婚对象的主要标准。

这种意识形态最近几十年里被逐渐打破，主要原因包括家庭结构的变化、中国当下较高的地理和社会流动性以及受到了西方婚姻模式的影响。

虽然由于社会阶层的不同，每个人的情况有很大的不同；但在许多世纪以来，在欧洲的大部分人口中，年轻人在他们的青少年时期是孤独的，失去了与原生家庭的密切联系。他们寻找家人以外的其他人来填补自己情感上的空虚。以爱情为基础的婚姻成了他们追求的目标。再加上当时禁止婚前性行为，他们的结婚年龄相对较晚。

浪漫的爱情在诗词、歌曲、文学作品中被歌颂，与市场资本主义世界中获取和享受商品的欲望有着惊人的相似之处。

在有着丰富的爱情诗词和小说传统的中国，也早已出现了一些这样的情况。然而，和许多社会一样，传统上爱情和婚姻是两码事。婚后你可能会爱你的妻子，但对许多人来说，尤其是较富裕的人来说，婚姻在很大程度上是由年轻夫妇以外的人决定的结果。

而在某些方面，东西方在婚恋态度上的差别并没有看上去那么大。英国人结婚主要是为了爱情，当然他们也倾向于选择那些背景和生活态度与自己相似的人。

东西方在对于婚姻的态度方面还有一个区别。对英国人而言，一旦他们"坠入爱河"并做出选择，显然是被一种不可抗拒的力量所驱使，这段关系将被认为是年轻人生命中最重要的。婚姻纽带要比与父母甚至是与孩子之间的关系更有力，因为总有一天他们会离开我们。西方人生活的核心的关系是与婚姻伴侣的横向关系。这种关系被看作两个人身体和心灵上的融合；他们将成为"婚姻伴侣"。而与父母或与子女之间的纵向关系，则排在第二位。

最近中国发生的巨大变化几乎影响了整整三代中国人。对很多中国年轻人来说，造成他们紧张和困难的部分原因是祖父母、父母和孩子在不同的体系中长大。你的父母无法理解他们父母的早期成长经历；同样，他们也无法理解你，你也无法理解他们。

我经常问中国的年轻人，你们是为爱结婚，还是婚姻由父母包办，他们普遍说"是为爱结婚"。然而，我被告知，父母和孩子也会平衡其父母和亲属的传统要求（他们应该对你的婚姻有发言权）与新的婚姻理念的关系。

M

麻将和其他游戏 Mah Jong and Other Games / 220

君子 Mandarins / 221

天命与民主 Mandate of Heaven and Democracy / 224

市场和营销 Markets and Marketing / 225

磨坊 Mills / 227

现代性 Modernity / 229

财富观 Money / 233

大山和石头 Mountains and Rocks / 234

麻将和其他游戏
Mah Jong and Other Games

我第一次真正接触到中国，可能是我两三岁在印度的时候。我的祖母出生在缅甸，毫无疑问，她在那里对中国的麻将产生了兴趣。在我的童年时代，我和祖父母住在英国时，我们经常玩麻将。

我仍然记得那些可人的象牙白色的"砖块"垒成"墙"，放在美丽的橙色漆托上。我还记得"风"①、成套的竹圈和汉字。

当时我并不知道这些符号背后所蕴含的古代道家和其他哲学流派的思想。毫无疑问，中国的很多符号和历史都可以从麻将中读出，中国各地的小村庄和大城市中至今还有很多人在玩麻将。它在清朝发展出了现在的形式，但很可能起源于其他更早的游戏形式。

---

① 麻将中的牌型。——编者注

另一个著名的桌面游戏，我从来没有尝试过，甚至没有看过，那就是围棋。最近，深思公司（Deep Mind）研发出的人工智能成为围棋世界冠军所用的时间比成为国际象棋冠军需要的时间还长，这就说明了围棋更难。我之所以对围棋感兴趣，还因为它背后的哲学与西方的国际象棋形成了对比。在国际象棋中，你通过直接"吃掉"棋子来打败敌人，从而获胜。而在围棋中，人们使用的策略类似于名著《孙子兵法》所提倡的方法，通过包围和阻挡敌人来取胜，而不一定要进行任何直接的战斗。目的是以技巧取胜，不损失一兵一卒。目前中国的很多海外政策似乎都遵循这种模式。

君子
Mandarins

中国文明的本质，可以从中国人对理想人格的定义中发现。中国人对君子的要求融合了儒家、道家和佛家的伦理原则。

卡尔·雅斯贝尔斯（Karl Jaspers）根据儒家思想中关于君子的论述，对这种人的性格做了一个初步的描述。所有的真、善、美都集中体现在具有理想人格的君子身上。无论从

出身还是从禀赋上来说，他都是高贵的，他具有绅士的风度
和圣人的智慧。

君子不是圣人。圣人是天生的，君子是通过自
律而成为君子的……君子与小人形成对比。君子关
注的是正义，小人关注的是利益。君子安静祥和，
小人总是充满焦虑。君子从不屈从于庸俗，却很亲
和；小人庸俗而不亲和。君子端庄而不傲慢，小人
傲慢而不端庄。君子在危难中坚定不移；小人在危
难中失去了对自己的控制。君子在自己身上寻找问
题；小人在别人身上寻找问题。君子努力向上，小
人持续堕落。君子有独立的人格。他能忍受长久的
不幸，也能在长期的顺境中不迷失自我，他活得没
有恐惧。他会因为自己的无能而痛苦，而不会因为
别人不理解他而痛苦。君子敏于行而讷于言。他小
心翼翼地不让自己的言语超过自己的行为：先行
动，然后再说出相应的话。

君子不会把自己的时间浪费在虚无缥缈的事情
上。他活在当下，活在真实的环境中。君子的道路
就像一场漫长的旅行，你必须脚踏实地。君子以关
心普通人和女人为起点，但他的志向非常远大，穿
透天地。

以上描述很好地抓住了理想中的中国人（君子）的特点，但可以通过增加一些其他标准来充实。这里有一些在我看来很重要的禀赋：记忆力、文化涵养、服从权威、逆境中的耐心、忠诚、孝顺、行政和语言能力、数学能力、值得信赖、廉洁、严肃、遵守礼仪、理智、分析逻辑、顺从、平和、和谐、协调能力、审美和艺术品位。

这是我对君子的看法，但值得补充的是今天的中国年轻人对君子的看法。下面这是我的同事对君子的看法。在他看来，中国的君子应该做到以下几点：

1. 在人格、道德、学问等方面做出不懈的努力，以便将来成为圣贤；

2. 按礼节和道德行事；

3. 在不同的情况下要有灵活性；

4. 对人仁慈宽厚，不善于进取或竞争；

5. 通过时间的推移，变得越发冷静和成熟；

6. 讲究兄弟情谊，值得信赖；

7. 遵守辈分，尊重长者和传统；

8. 要节俭，以抵御未来的不测；

9. 向往淡泊名利的简单生活，同时要有对整个世界的关心和责任感；

10. 不爱冒险，总是眷恋故土。

可见，人们对于君子的看法直接反映了中国文明的特点——深受儒家思想的影响，也受佛教、道教、法家思想的影响。它的核心是和谐、忠诚和遵守社会礼仪。

天命与民主
Mandate of Heaven and Democracy

一千多年来，英国国王一直被视为人民的仆人，这一点在1215年的《大宪章》和1649年反对和斩杀查理一世的行动中不断得到重申。他的权力由他的臣民赋予，如果他滥用权力，破坏了与臣民之间的契约，他就会被抵制。他的统治不是靠神权来维系的，而是代表臣民来行使权力。

这与16世纪至19世纪欧洲大陆君主专制统治的合法性来源完全相反。在西班牙、意大利和法国以及德国和俄国的部分地区，统治者作为上帝在人间的代表，被赋予了绝对的权力。人们没有权利反抗或挑战国王，因为他是所有法律的起源。

中国的情况既不属于英国模式，也不属于欧洲大陆模式。它与英国人不同，因为皇帝有责任治理好他的国家，但中国人没有选举议会，也没有独立的司法、新闻和大学制度来让君主为自己的行为负责。因此，在历史上，传统的中国制度很难说是任何意义上的民主制度。

然而，皇帝也不是绝对权威，因为他和他下面的官员一样，在进行统治时都要在一定程度上遵从天命。皇帝要保护和养育他的子民，如果他没有完成这个任务，天命就会被收回。天命被收回的征兆是各种灾害：旱涝、虫灾、战争、疾病和外族入侵。如果他不能保护他的人民，人民就会奋起反抗。因此，中国历史上出现了无数次起义，这种思想使得人们更容易接受一个新的朝代，即使这个朝代的统治阶级是由外来少数民族组成的。

这种制度的实用性和灵活性对中国文明惊人的延续性至关重要。当皇帝的权力衰减时，更换效忠的对象是符合道义的。

市场和营销
Markets and Marketing

英国，在过去的几百年里，产品销售的主要形式是利用固定的商铺，商品橱窗、柜台和货架来出售商品。剑桥有一个露天市场，有摊位；以前欧洲最大的年度集市，在斯托布里奇持续一个月，摊位上有来自世界各地的商品。然而，每周或每月一次的小市集在英国的重要性一直不如常设商店。

中国和印度、墨西哥或其他农业文明一样，是一个以市场为主导的文明。那些拥有商品，特别是易腐食品和服装的人，会把他们的商品带到村镇或城市的空地或道路旁。每个摊位都有自己的专长，并且出售货物的品类经常与邻近的摊位重叠。摊主通常是妇女，他们会试图说服路人购买商品。由于没有固定的价格，许多交易都是在讨价还价后进行的。

我曾去过一些这样的市场，那里气氛热闹、人们讨价还价，并且主要都是不宜长期保存的商品，这给我留下了深刻的印象。

威廉·斯金纳（William Skinner）在20世纪60年代曾分析过中国市场体系的一个特点。他指出，市场的形式、出现的频率和规模都是分层、分级的。一个大城市会有临时或永久的大市场。它的周围会有一些较小的城镇，这些城镇的市场平均分布在与城市不远的地方，就像环绕太阳的行星一样，出现的频率较低，规模较小。这些城镇的周围，都有类似的村镇市场，环绕着城镇。这是一个随机的过程，却异常对称，组织严密。

直到今天，中国城市、城镇和乡村的布局，仍然在一定程度上反映了这种古老的市场等级制度。在学校、医疗设施、地方政府和中国人生活的许多其他地方的布局安排中，也可以发现这种等级结构。这种由小到大的等级结构不仅是中国经济的核心特征，也是所有中国人生活的核心特征，是中国强大和统一的秘密之一。

磨坊
Mills

英国是一个充满磨坊的文明。也就是说，将自然能源（最初是水、风和动物，后来是煤和石油）转化为动力的机器一直是英国经济的支柱。即使到了1086年的《末日审判书》①调查时，英格兰平均每个村镇都有一个以上的水磨。英格兰人发明的风磨，后来又作为补充。

磨坊被用于造纸、制布、碾磨粮食。后来，人们改用煤炭为磨坊提供动力，约克郡和兰开夏郡成为"磨坊之城"，即工业革命的中心。磨坊在整个19世纪和20世纪前半段的生产革命中占据了中心地位。

---

① 《末日审判书》（*Doomsday Book*）的正式名称应是《土地赋税调查书》，又称"最终税册"，是英王威廉一世下令进行的全国土地调查情况的汇编。《末日审判书》这个名字意指它所记录的情况不容否认，犹如末日审判一样；还有说法是由于国王派出的调查者个个凶神恶煞，调查内容又极细致，被调查者如同接受末日审判。——编者注

广泛使用磨坊似乎是一件顺理成章的事情，我以为中国
也会如此。然而我很快就发现，磨坊在古代中国很少使用。
少数的磨坊被用于沿海的沼泽地里，用于制盐。中国也有一
些用来提水，以及用锤打稻米的简单机械。然而，由于国土
辽阔，磨坊机械的潜力巨大，中国很少使用磨坊才是令人惊
讶的。

当然，我们很容易想到造成这种差异的原因。小麦最好
利用磨坊来碾磨，而中国的水稻、大麦和后来的玉米却不太
适合磨坊。同样，中国也不需要用羊毛做衣服的制衣坊，因
为羊在中国并不常见；而水资源是靠非常廉价的人力来收集
的。事实上，总的来说，普遍存在的廉价劳动力，以及把钱
投到一个很容易被没收或破坏的昂贵建筑中的风险，都削弱
了中国人对磨坊的需求。

古代中国没有大型磨坊，直接导致了两个结果。首先，
中国人的工作压力很大。如果能利用风力、水力、动物来促
进农业和工业生产过程，就能极大地促进人类生产力的发
展，从而减轻体力劳动的强度，获得一定的闲暇时间。这一
点在中国并不发达。

其次，英国人习惯制造和使用各种机器来帮助他们进行
生产。人们利用磨坊采矿、舂布、磨粮。对磨坊的使用鼓励
人们通过人工手段驾驭自然，不断创新和改进技术。所有这
些都是13世纪以来英国逐渐实现工业化的必要背景。18世纪
的最终成果是人们发现了如何有效地将煤转化为能源——

蒸汽革命。然而，这只是一个长达数百年的努力的最终结果。

在中国，没有用机器代替人力的传统。这也是为什么尽管有大量潜在的水能、风能和煤炭能源，但中国直到最近几十年才出现工业化的迹象。

现代性
Modernity

很少有人真正知道什么叫现代性。即使是受过良好教育的聪明学生或他们的老师，当你问他们什么是"现代社会"以及什么是"前现代社会"时，你会发现，他们会将现象误认为是原因。他们会指出，生活在城市、拥有汽车或手机、有学校有电和电视，空间流动性大是现代社会的标志。人们生活在农村，从事农业，没有上述技术手段的社会是前现代社会，有这些特征的地方是现代社会。

这当然是现代性一部分的含义，但这是很肤浅的。多年来，我对现代性下了一个不同的定义，这个定义既简单又使其脱离了肤浅的技术层面。这种定义主要基于这样一种观点，即人类主要受四种难以抑制的倾向或渴望驱动。其一是对权力的渴望，对他人的控制，对支配一切的需要，对优越感的无休止争取。我们常把它称为政治，但它是最广泛意义上的"政治"，不仅仅是关乎投票箱和政党的狭义的政治生活，而是涉及人类生活的所有领域，是家庭、艺术和宗教生活中的"政治"。

其二是对于财富的渴望，也就是说，我们需要吃、住、穿和其他为了维持自己生存的物质资源。这通常被称为经济，但我们所追求的"财富"又比股票交易或经济的狭义领域要广泛得多。我们追求的财富有很多层面，休闲、炫耀性消费、文化资本，等等。

其三是渴望获得人性的温暖或认可，渴望爱和保护，与其他人类建立有意义的关系——无论是通过家庭还是和其他团体和关系，如友谊。我们称之为人的社会性，由社会科学来处理。

其四是在思想和信仰等广泛领域内的追求，从科学到教育，从宇宙论到宗教和仪式。一个主要以功能强大的大脑和求知欲而著称的物种拥有与生俱来的好奇心，希望与恐惧并存，这就使人类对于思想、信仰的追求往往能超越所有其他类型的追求。

我们倾向于从这些方面去思考，去构思权力（政治）、财富（经济）、关系（社会）、思想（宗教），并认为它们是独立存在的。这种分离状态是构成我们现代社会的基础。然而，当我开始研究世界上不同类型的社会时，当我开始教授人类学时，我很快就意识到西方的这种几大生活领域各自分离的世界是多么的不寻常，无论是通过纵向比较还是横向比较。

简单地说，我发现，在人类历史百分之九十的时间里，在所谓的狩猎-采集社会和后来的部落社会中，不存在这种分离的状态。个人生活在群体中，这些群体同时以追求权力、财富、社会价值和意识形态的统一为基础。这种群体是包罗万象的。

直到一万年前，也就是我们所说的"文明"，才发生了变化，第一次分离变成了两部分，而不是四部分。一边是社会和经济领域。在农业社会中，经济仍然"嵌入"在家庭中，对财富的追求和人性温暖的追求之间没有区别。另一边是权力和意识形态领域。在这里，牧师、教师和正式的信仰体系的出现，往往以文字为基础，变得很普遍。权力和信仰的结合将社会分为政治宗教统治集团和基本上无权无势的人民群众——他们没有文化，受军事和意识形态强权者的控制。

这种状态，即在农业文明中世俗统治者和宗教领袖联合组成的强大的统治阶层，在世界大部分地区一直持续，直到一两个世纪前才被打破。在整个欧洲，它是基本制度，一直持续到19世纪末。在亚洲大部分地区，它一直延续到20世纪后期。

这是一个过渡或中间阶段，既不完全是现代的，也不是非现代的。因此，我们可以把古代的欧洲，或者清朝的中国，看作是处于前现代、各生活领域半分离的两个例子。

我来自的英美世界是个异类，因为很明显，至少800年来，它把四个领域分得很开。经济是自主的，是以资本主义市场规律为基础的，脱离了家庭。没有常规意义上的农民阶层。教会和国家之间存在着一种紧张和分离的关系，这种关系是在新教改革之后才最终明确的，但英国世俗权威与效忠教皇的教会之间的紧张关系很早就存在了。而在一个有文化的、"全能"的统治精英和一大批不识字的乡下人之间，并没有严格的划分。可以说，英国尽管有"前工业时代"的经济形式，有"前选举时代"的民主权利构架，但始终是"现代"的。

如果我们使用这个定义，并将其应用于中国近代史，我们可以看到，中国在许多方面已经沿着从前现代社会到现代的方向向前推进；我想要说的是，现代性是一个正在进行中的工作，是一个理想，是一个"假如"的体系。权力、财富、社会和意识形态之间不可避免的重叠和紧张关系始终存在。实际上，作为人类，我们无法将头脑和心灵、身体和精神、统治欲和爱的欲望分开。我们本质上是"非现代"的。然而，我们却把构建"现代性"的一些手段视为提供个体自由和幸福的最佳方法。

财富观
Money

　　尊崇儒家思想的一个结果是，社会不仅淡化了战争的作用，而且淡化了商业和金钱的作用。中国人一直是优秀的商人和贸易者，对利润、金钱和营销高度感兴趣。他们有庞大而繁忙的城市，也有令人惊异的广袤而连通的水路。然而，儒家和法家却把通过贸易和制造业来赚钱的商人的社会地位，置于在田间劳作的农民之下。

　　在中国，人们和世界上其他地方一样热衷于赚钱，从19世纪开始，偶尔会出现一些大型的贸易公司（例如在山西和黄河三角洲）。然而，士大夫对赚钱的行为却有些不以为然。政治上的不确定性，家族财富在所有子弟之间的分配，以及之后来自外国的竞争，这些因素结合在一起，意味着"没有一个富裕的（中国）家庭能保持富裕超过三代（富不过三代）"。这句中国老话是有道理的。

大山和石头
Mountains and Rocks

在去中国之前，我曾在尼泊尔境内的喜马拉雅山南麓工作多年。所以我本该对其邻国（中国）的山地情况不感到惊讶。然而，中国山地的两个方面的特点还是让我意想不到。

第一个方面是中国的山是那么多。根据我在去中国之前所读到的一点书和看到的图片，我想象中的中国是一片平坦的大平原，到处是水稻田、池塘和大河。也许还有一些平缓的山坡，上面种着茶叶，还有一些森林，但基本上都是平坦的。然而后来，我几乎立刻发现，水稻种植只适用于南半部，而其他谷物则种植在北方。我还了解到，中国有一半以上的地方是山地，比如桂林著名的垂直山峰，或者中国北方的山地，基本上和我在喜马拉雅看到的没什么区别。

第二个方面是人们对山的态度。我知道一些著名的山峰被认为是神圣的，是神的居所，是朝圣的地方。我没有意识到的是，中国各地点缀着许多神山。其中不少山峰上布满了神殿和庙宇，比如成都或青岛等城市外。

山和大石头在中国有很大的象征意义。古典文学中第一次提到山的重要性是在公元前6世纪的《诗经》中，其中有一章是关于河南的"高山"。这是关于一个公主的故事，说明山是连着大地与上天的地方，一座大山可以保护一个家族。

公元前2世纪的大史学家司马迁在《史记》中有一章是用来说明中国这个国家,是如何被五座大山所定义的。它们是中国领土的地标,分别位于西、南、北、东、中。最重要的是在东部,靠近孔子的出生地的泰山。孔子提到爬到泰山山顶时他能感觉到整个国家非常小。这也被解释为,如果皇帝到高山上环顾四周,所有的土地都在他的掌控之中。

秦始皇也去泰山,在山下和山顶举行了仪式,象征着他从此统领整个中国。此后,每个朝代的第一位皇帝都会去泰山山顶上举行仪式,其他重要人物也会去那里祈求得到保护和祝福。

在唐朝,在关于风水的《撼龙经》中,龙的化身就是山。要想有好的风水,每个房子后面都要有一座山赐予力量。龙或山象征着资源——森林、土地、水、植物和动物。

直到今天,如果一个人倚仗某位大人物,就会说"某人就是我的'靠山'"。这个概念至今仍有影响,应用也很广泛。例如,北京的故宫博物院和人民大会堂的正厅都有巨幅的山水画,中国大使馆也是如此。众多的山水画象征着政府非常强大,团结着国家。在英国,政府大楼或学院餐厅都有重要人物的画像。在中国,重要的是山和水,因为中国人尊重抽象的权力,而不是个人英雄。

山也有重要的美学价值。假山,就是园林中的石头或石块,甚至是小盆栽旁的石头或石块,应该是非常漂亮的,看上去就像一位漂亮、非常浪漫,有S形曲线的女士,或者是狮子、老虎等吉祥动物的形状。富裕人家为了表达对皇帝的忠心，设计了带有假山的园林，皇帝经常到富贵臣民的园林中去。

佛教早期对圣山的信仰与中国人的思想完全一致，这有助于佛教的接受。中国佛教徒的圣山有四座，每座圣山上都有一座重要的佛陀在寺庙里。

N

噩梦 Nightmare / 238

贵族 Nobility / 240

噩梦
Nightmare

公元前221年，秦始皇通过大规模的战争和征服，统一了六国。从那时起，鉴于其巨大的体量，它经常分崩离析，造成巨大而悲惨的后果也就不足为奇了。它的巨大问题让我想起了自己在使用现代科技设备方面的困难——我现在有那么多的小玩意，随时都会有一个坏掉。中国最怕的是社会失序。几个世纪以来，统治者都害怕这小小的火星，一旦它呈燎原之势，就会毁掉成千上万甚至数百万人的生命。

中国幅员辽阔，而且由如此脆弱的地方力量支撑着，就像历史上帝国每年在某地几乎都会出现饥荒一样，几乎都会出现不满情绪和潜在的叛乱。如果不立即镇压，在这个辽阔的国度里，一个小小的动作就会导致某个地方的大规模叛乱的爆发。

这在整个中国历史上都是一种固定的模式。以1644年至1911年统治中国的清朝为例。导致清朝时期一些重大起义暴发的部分原因是清朝统治者权力的扩张，或是向西部进行领土扩张，抑或是对其他少数民族和汉族的控制力度加大了。

在偌大的中国西半部，经常发生部族起义。要想对这些起义以及清朝为镇压这些起义而发动的大规模远征有所理解，需要结合当时的背景。少数民族所在省份构成了几乎半个中国的领土，而这些民族的忧虑情绪在当时一直存在。他们相信在任何时候，当地势力都可能发起大规模的分裂运动。外国势力对这种运动的鼓动更让人担心。

清朝统治者在中国南部、中部和东部地区，还面对两种主要的挑战。第一种挑战是少数民族部落群体带来的持续威胁，在18世纪达到最高峰，他们定期感到被清朝统治者压制或忽视。

第二种挑战对当今时代的人来说特别有吸引力和令人吃惊。这是一种现代西方人相当陌生的形式，但与中世纪西方的救世主运动非常相似。

这种救世主（期待将结束旧世界的救世主或圣者的到来）运动的特点是，在狂热的宗教热情的驱使下，突然出现了一个团体。他们使数以千计，有时甚至是数以百万计的人相信，世界的末日即将来临，此时通常会出现一个有非凡魅力的人物。他们（迄今为止总是男性）告诉他的追随者，他们是坚不可摧的，可以颠覆世界。

他们宣称，高贵的人将变得低贱，穷人将变成高贵的人。目前所有的不平等和苦难都将在平等和爱的新政权中消失。有人认为，法国大革命就有这种成分。

这就是我们需要了解的中国的背景。在这里，一切看起来都是和平、有序和团结的；但突然间，一束小火苗落下，几天之内，数百万英亩①的林地和生活在林地里的生物就被毁灭了。

贵族
Nobility

当我还是个小男孩的时候，我上学期间的一个高光时刻就是在吉尔伯特（Gilbert）和沙利文（Sullivan）的歌剧《艾俄兰斯》（*Iolanthe*）中扮演一个贵族。我穿着仿制的貂皮和冠冕大摇大摆地走上舞台，歌颂着上议院的伟大和自己的贵族血统。

直到后来在牛津大学，我才发现，英国人从来没有真正的、以血缘为基础的贵族。他们曾有位于社会最高层的贵族阶级，但这些人都是通过赚取金钱或取得成就，使自己通向

---

① 1英亩≈4046.856平方米。——译者注

最高阶层的。不断会有新的富商和成功专业人士补充进来，他们的贵族身份通常传不了几代。他们没有特殊的法律地位，让自己区别于其他人。他们只是具有很高的社会地位，受人尊敬，但除了财富之外，没有任何特别的权力。我了解到，真正意义上的贵族，以种姓般的血缘差异将贵族和平民分开，在欧洲大部分地区，在法国、西班牙、意大利都有，但在英国没有。

当我来研究中国时，我很自然地想看看它的贵族是属于英国的那种还是欧洲大陆的那种。我寻找这种阶级，我们在所有的印欧世界中都能找到这样或那样形式的贵族，甚至在日本也有大名，但我惊讶地发现中国没有这种东西。中国没有任何等同于贵族或寡头的东西。皇帝手下的统治者是文化精英。没有延续几百年的古老而庞大的地主阶级，即封建男爵和伯爵的后代。这对中国的发展产生了巨大的影响，使中国的官僚政治制度与其他文明截然不同，也使中国有了特殊的两级社会等级制度，这也是独一无二的。

我想知道中国贵族是如何在最近才消失的，又惊奇地发现中国两千多年来就没有这个阶层。贵族消失的关键时刻，是在公元前221年秦始皇统一六国的时候。皇帝把权力交给他任命的管理者，并开始摧毁早期比较普遍的封建秩序的残余。中国的贵族由此开始逐步消亡，至今没有了世袭的上层阶级。地主阶级原本是有的，但在1952年之后不存在了，他们与西方早期的贵族或寡头完全不同。这是一个深刻的区别。

O

戏曲 Opera / 244

海外华人 Overseas Chinese / 245

戏曲
Opera

　　我们在第一次造访中国时，曾去过一个北京的小胡同，胡同中一位老者正津津有味地唱着京剧选段。从那以后，我又看过一场京剧演出，我以为这就是中国唯一的主要戏曲形式。虽然我很努力地去尝试，但还是无法接受这种形式的戏曲。在不了解它的传统和象征意义的情况下，京剧似乎是很吵闹的，尖锐且刺耳，大体上过于夸张。

　　直到10年后，在我去一座古老而美丽的南方运河城市苏州参观的时候，我才发现中国戏曲有很多形式。我们在一个小湖边看到的，之后在一个华丽的歌剧院里看到的，后来又在其他中国城市和剑桥看到的一种戏曲形式，叫作昆曲。昆曲大约是14世纪在中国南方正式成型，它还吸收了更古老的旋律、情节和布景等元素。

　　昆曲最著名的剧作家是汤显祖，他被称为"中国的莎士比亚"，不仅仅是因为他的创作技巧高超，还因为据说他与莎士比亚同年逝世，即1616年。汤显祖写于1598年的《牡丹亭》具有魔幻色彩，讲述了一个关于爱情、梦境、花园和鬼魂的故事。他的其他一些剧作也很像莎士比亚的喜剧。

我认为这种戏曲形式迷人、深情而充满魔力。它的音乐空灵，唱腔和动作非常优美，服装和化妆令人眼花缭乱。昆曲给人的感觉仿佛是一幅幅美丽的中国画，栩栩如生。爱与丧失是昆曲永恒的主题。作为被联合国教科文组织列为非物质文化遗产的艺术瑰宝，它理应与世界上其他被保存下来的伟大艺术形式并列。

海外华人
Overseas Chinese

中国人对自己的土地和国家有着深厚的感情，但几个世纪以来，他们也受贫穷、自然灾害以及对更好生活渴望的驱使，前往国外定居。他们为许多东南亚国家，包括缅甸、马来西亚和新加坡等国增加了人口和经济活力。他们是建造早期美国和加拿大铁路以及挖掘南美矿山的主要劳动力。在更近的一段时期，他们为从温哥华到旧金山的北美西部沿海地区带来了大量的资金、劳动力和人才。他们涌向欧洲各国和美国的大学，并在许多西方城市生活和投资。

起初，中国人是以非技术工人的身份移民的，特别是来自福建东部城市和珠江三角洲附近城市的人。但很快，他们的技能、勤劳和与其他中国人的紧密联系、高超的理财技巧，使他们获得了极大成功。偶尔这种成功也会导致他们在墨西哥和其他地方遇到灾难。然而，他们极富韧劲，从经营华人洗衣店、中餐馆和做体力劳动，到经营庞大的国际企业，再到在学术界、银行业和科技界的成功事业，他们的技能链不断升级。

现在海外华人有五千多万。其中大部分生活在东南亚，在新加坡的占大多数，泰国、马来西亚、印度尼西亚、菲律宾和越南也有相当多的华人群体。世界上几乎所有国家都有越来越多的华人。举个小例子，在剑桥，我看到在过去12年里，来这里居住和访问的华人数量成倍增长。在城市的某些地区，人们遇到的人中有一半以上是中国人。据观察，许多定居在海外的中国人对中国仍然非常忠诚。如果有机会，他们会经常回国，给亲戚寄钱，并感觉到作为中国人的强烈认同感。

因此，世界上许多地方都有一种华人的味道。华人没有种姓，他们友好，愿意与华人群体以外的人结婚，他们有出色的语言能力并且勤奋工作。总的来说，海外华人是最成功的移民群体之一。例如，他们的子女无论在哪个国家的教育排行榜上，往往都名列前茅就说明了这一点。中国青年出国留学人数迅速增加，像是另一种"西游记"，也是海外华人比较出众的一种表现。

P

纸 Paper / 248

物质基础设施 Physical Infrastructure / 249

诗歌和诗人 Poetry and Poets / 251

礼貌和礼节 Politeness and Etiquette / 254

瓷器 Porcelain / 256

印刷术 Printing / 258

行业和专业人员 Professions and Professionals / 259

公有和私有 Public and Private / 260

纸
Paper

　　人们很容易忘记，历史上最重要的一次通信革命，即发现一种有效的媒介来存储复杂的信息，就是中国人发明了纸，它贯穿了基督诞生前到20世纪50年代的数字革命。

　　中国造纸术的早期历史和传播可以追溯到东汉时期（公元25—220年）。8世纪时，中国的造纸术传到了阿拉伯世界。到11世纪时，造纸术被带到了欧洲。纸张必须容易制造，但又要非常坚固和轻巧。中国人发现，一种在中国生长良好的植物——纸桑，可以加工成纸。我在日本和中国都见过传统的造纸术（一定是从中国传到日本的），它包括打浆、清洗、脱脂、铺设交织的纤维，然后将纸片储存起来，这个过程令人印象深刻。操作虽然需要小心，但一旦掌握了方法，就可以生产出大量的纸制品。西方的造纸术，使用的是布，后来用木材，需要消耗更多的资源。

　　中国纸的用途很广，不仅适用于书法和中国艺术，也适用于家具。当时几乎没有玻璃，所以纸被用来糊窗户，既能让光线进来，又能阻挡寒冷的空气。它还被用来做滑动屏风，以重塑生活空间。在日本，出现了世界上的第一种厕纸。总之，中国比西欧早1000年左右就有了这种神奇的介质。

物质基础设施
Physical Infrastructure

过去40年来，中国最非凡的成就之一就是建立了连接这个广袤国家的物质基础设施。在1933年卡尔·克劳（Carl Crow）的《游历中国闻见撷要录》（*Handbook for China*）中，我们发现中国几乎没有任何铁路。

即使到了1978年，这个比西欧和东欧加起来还要大的国家，交通条件仍然很差。尽管铁路网已经比之前增加了好多倍，但铁路仍然很少，许多地区只有土路。港口不足，商业机场很少，既有的机场也相当简陋。

而现在，当你在六车道的高速公路上行驶，穿过偏远的省份，通过巨大的隧道和长长的桥梁穿越喜马拉雅山时，你会感到敬畏。或者，当你乘坐动车以每小时250公里的速度驶过数千英里时，你会感到惊奇。或者，当你乘坐优质的航班穿越中国，降落在优质的机场，当你看到上海和宁波等地世界上最大的集装箱港口时，你会深深地被震撼。据我所知，历史上从来没有国家能在这么短的时间内，在如此辽阔崎岖的地形上建设如此庞大的基础设施网络。这让我那英国老家的交通设施显得老旧而渺小，即使是美国或欧洲最先进地区的交通条件也没法和中国相比。现在可以看到中国的道路纵横交错，而且还有铁路作为补充。

我到过中国最偏远的村庄，那里的路况极好。最近，我从香港坐高铁到深圳，这条线路穿过隧道，行程时间从两个小时缩短到20分钟。线路南边是刚刚开通的世界上最长的公路桥，连接香港和澳门，超过55公里（大约是英法两国距离的1.5倍）。

当然，很多问题仍然存在。其中最严重的问题是城市中令人吃惊的交通拥堵。在这里，我们可以看到日益增长的财富是如何导致数以百万计的大型汽车拥挤在不断扩大的道路网中的。这会造成严重的污染，人们也忍受着长时间的交通延误。希望在解决了各地其他更重要的问题后，中国人也能尽快解决这个问题。中国在电动汽车和自动驾驶汽车方面的投入和发展或许是一种解决方案。

诗歌和诗人
Poetry and Poets

从我八岁开始阅读诗歌以来，我就很喜欢诗歌。后来我尝试着写诗，并深深地陶醉其中，对17世纪的英国诗人约翰·弥尔顿（John Milton）、约翰·邓恩（John Donne）很着迷；也很喜欢浪漫主义诗人，尤其是对威廉·华兹华斯（William Wordsworth）、塞缪尔·泰勒·柯勒律治（Samuel Taylor Coleridge）、济慈和雪莱情有独钟。当然，还有莎士比亚，他的戏剧我研究了10年。

我曾相信，诗歌是英国人对世界文学最伟大的馈赠（也许与小说并列），英国也许是世界上最杰出、最热爱诗歌的国家。

但到访并了解中国后，我不得不修正自己的观点，学会谦虚一些。从历史上看，中国的人口数远多于英国，有记载的诗歌创作史也远早于英国。然而，即便如此，也不能完全说明中国诗歌的非凡创造力和数量。

例如，我也许可以说出50位英国诗人的名字，并知道其中大约10位生于何处，或在何处度过了他们的大半生。但有地图标记了中国诗人及其家乡，上面有唐代诗人2625人，宋代诗人2377人，明代诗人3005人，清代诗人2079人。要想了解过去1500年来的10000多名诗人的行踪，我是无法做到的。

诗歌是当今中国人生活的一部分。很多中国人，尤其是
老一辈的中国人，对古代的诗人非常了解，能背诵他们的诗
歌。即使对今天的年轻人而言，诗歌也是非常重要的。一位
二十多岁的朋友告诉我，她在小学时就能背诵两百多首诗。
另外，我有3个6岁到12岁的日本小伙伴，我记得他们在玩纸
牌游戏时，纸牌上也印有日本几千年来著名男女诗人的诗
歌，他们对其中许多人都很了解。

英国有五种主要的艺术形式，音乐、建筑、绘画、诗歌
和其他文学。中国只有三种，但它们是皇冠上的明珠，书法
是最重要的，其次是诗歌和绘画。

我很难理解中国诗歌的规则，也很难理解如何用象形字
或其他单字来实现押韵。这显然与我的经验大相径庭。然
而，看着中国人听诗朗诵时全神贯注的神情，甚至在我有生
以来第一次（与中国客人一起）在晚宴上用诗朗诵代替餐后
讲话的时候，我明白了诗歌对中国人的意义——英国诗歌对
我的英国同事和朋友的重要性远不及中国诗歌对于中国人的
重要性。

我也很难理解中国诗歌和英国诗歌在传统主题和诗人态
度上的差异。中国诗的一位伟大英译者亚瑟·韦利（Arthur
Waley）很好地描述了这种差异。他写道：

> 从思想到情感，欧洲诗歌最显著的特征就是对
> 爱情的关注。这不仅在"爱情诗"中很明显，而且

在所有以任何方式凸显作者个性的诗歌中也是如此。诗人倾向于以浪漫的眼光展示自己，事实上，是以情人的身份展示自己。

中国诗人有一种不同但类似的倾向。他不是以情人的身份推荐自己，而是以朋友的身份推荐自己。他摆出一种无限悠闲的姿态（这是我们最希望朋友拥有的状态），并且没有世俗的野心（世俗的野心构成了友谊的最大障碍）。他要我们把他当成一位密友，一个喝酒的好手，不会因为在聚会上没醉而显得很不识趣。

另一个不同之处是，"说中国诗歌有一半是关于离别的，也毫不为过"。

诗歌是中国理想的艺术形式。正如其他研究解释的那样，中国文明是一种象征性的，即法国人所说的"结构性的"文明。每一个字、每一幅画或每一朵花都指向其他事物。中国诗歌是多层次的，将当下和永恒、过去和现在、人力和超自然的力量融合在一起。散文甚至绘画都无法完全捕捉到这一切，而音乐，也仅限于通过非语言的艺术符号来表达思想与情感。

诗歌最大的优势在于它是多层次的，它的节奏、韵律和意象可以唤起读者的情感，在不同层次上吸引读者。所以，它是一种非常强大的多重符号系统。这显然是为什么它在我小时候就吸引了我，也吸引着十几亿中国人，他们都在学校里学过重点诗词。精英阶层中很多人都是诗人。古代士大夫阶层在教育中受诗歌方面的训练，同时某种程度也为他们的诗词造诣所界定。

相比之下，很难想象特朗普或撒切尔会花很多时间写诗，或者被邀请在诗歌节上朗读他们的诗歌。在中国，即使在今天，中国的高层管理者、商人和政治家也经常实践这门艺术。这的确是一种奇妙的文明。

礼貌和礼节
Politeness and Etiquette

在我去中国之前我以为人们会排着队往前挤，说着话从你身边走过，或说话很大声，在街上吐痰，不保持适当的身体距离、不说"请"和"谢谢"。

在我16次访问中国后，我去过这个国家的许多地方，并很高兴地摆脱了这些偏见。中国人排队确实不一定有秩序。在拥挤的城市里，交通礼仪的确也相当不规范，到处都是人，汽车随意加塞。我偶尔也见过有人当街吐痰，虽然很少；但我不记得有哪一次我们遭受过甚至目睹过真正的愤怒和无礼。

和日本人一样，我发现中国人也很有礼貌和善解人意。他们会说"谢谢"，并以微笑和热情的态度来感谢他人的善意或礼物。他们关心彼此，也关心我们，经常在我们还没有意识到的时候就关注到我们的需求。

当然，在中国这样一个古老的礼仪社会里，有很多礼数——鞠躬、寺庙里的手势、送礼时包装要精美等。喝茶和吃饭的礼仪有时也是相当讲究的。中国人的礼貌友好表现在，比如，吃饭时起身在所有客人周围走来走去，依次和每个人交谈、敬酒。总的来说，中国人表现得很礼貌、待人平等，对妇女、儿童，特别是老人都很体贴和礼貌。当置身于一群中国人中的时候，会有一种平静、有序和贴心的感觉。

作为一名长者，并且是一位有"威望"的访客，我可能受到一些优待，所以有幸见证了中国人性格中最美好的一面。然而，我也曾观察过中国人之间的交往，发现没有大喊大叫、恃强凌弱或明显傲慢、自私的情况，这令人耳目一新。可能是因为儒家注重和谐的人际关系，也可能是其他因素，但总的来说，即使对外国人而言，中国也是一个令人极其自在的地方。

瓷器
Porcelain

当我们提到中国的伟大发明（如指南针、印刷术、丝绸、火药）时，就不得不谈到瓷器，它在几个世纪以来对中国的发展产生了巨大的影响。

原始的瓷器在中国历史上可以追溯到三千多年前，但釉面陶瓷在东汉时期才发展成如今成熟的瓷器，中国将其定义为高温焙烧瓷器。

到公元7世纪左右，中国瓷器已经有了相当的白度和透明度。当时这种成熟的瓷器已出口到阿拉伯世界。到了宋代（960—1279年），瓷器工艺达到了非凡的水平，许多人认为宋代是中国瓷器的巅峰时期。瓷器制造变得高度组织化，到宋末，这一时期的爬山窑（龙窑）一次烧制的瓷器可达十万件之多。

到了明代（1368—1644年），瓷器开始出口到欧洲，包括非常珍贵的青花瓷。我小时候就对青花瓷复制品上的柳叶纹图案很感兴趣。到了1517年，葡萄牙人直接通过海路运输明代瓷器，使之成为海上丝绸之路上的大宗贸易商品。中国南方的景德镇是瓷器的生产中心，因其生产的御用瓷器而备受推崇。

当时的瓷器贸易量很大。据报道，荷兰东印度公司在

1602年至1682年，运送了3000万至3500万件中国和日本的外销瓷器，其他大贸易公司也运送了大量的瓷器。

1644年明朝灭亡后，中国瓷器业曾一度沉寂。但从17世纪后期开始，中国瓷器业再次兴盛起来。一些西方人收集了大量的瓷器藏品。但从18世纪后期开始，当欧洲人掌握了制瓷的秘密，陶器厂纷纷建立，其中包括英国的韦奇伍德瓷器，中国的瓷器出口开始下降。

瓷器不仅在西方掀起了一股中国风，而且使中国兴起了多种活动，改变了生活的许多方面。随着宋、明、清时期新式瓷器的出现，饮茶的形式发生了变化。这种奇妙的半透明容器的出现，可能是中国早期对装饰性玻璃制品失去兴趣的原因之一。

在西方，玻璃是科学革命的重要组成部分。但中国不像意大利和荷兰那样，人们对玻璃并不感兴趣。由于文艺复兴和科学革命对玻璃的依赖，西方的大分裂并没有发生。而中国对玻璃不感兴趣，其中一个原因就是瓷器的存在。瓷器制造成本更低（所用燃料更少），也更容易用象征性的图案来装饰，用来喝茶也很美妙。

印刷术
Printing

中国人的另一项伟大发明是印刷术。中国人把石碑上的文字拓印在纸上或布上的行为，可以追溯到汉代。在纸上进行雕版印刷始于8世纪的唐朝。大英图书馆收藏的公元868年的《金刚经》就是现存最古老的印刷书。印刷术的本质是一种"机械化生产"，这避免了大量流通的文件需要费力地手抄书写。

由于汉字成千上万，十分复杂，所以中国早期的印刷术并不像后来西方那样，不是基于雕刻在木板上的可移动单字字块实现的，而是将一本书或一份文件逐页刻在木块上，然后刷上墨汁，压在纸上，以达到批量生产的目的。

我在中国看到过这种老式的印刷术，看着雕刻师们刻出汉字，然后给木板上墨，压在一张纸上。这些纸张由专人整理，再由其他人编成一本书。这是一个制造信息的过程，中国人因此每隔一段时间便能生产出大量的书籍，只是，这些书会在下一次大动乱中被烧毁。

中国发明的这种早期印刷术，比古腾堡印刷术早了700年。我很不明白，为什么印刷术在中国似乎相对而言作用如此之小。在西方，印刷术被认为有助于引起文艺复兴、宗教改革、民族国家和方言的兴起、科学的发展、欧洲的海外扩张，甚至是市场资本主义的兴起。

这些效应在中国都没有出现，这再次说明，技术变革本身并不能改变什么。一项技术只有在更广泛的特定情况下才能改变世界，这一点从中国的其他伟大发明（如火药、指南针等）中也可以看出。

行业和专业人员
Professions and Professionals

没有西方那样成熟的法律专业群体只是古代中国普遍缺乏专业群体的众多表现之一。我们已经看到，在过去的2000年里，中国没有武士贵族，职业律师很少，几乎没有大商人和实业家。其他专业群体也几乎没有或很少。例如，虽然中国无数的学校都有教师，也有蓬勃发展的学院一类的机构，但直到19世纪末才出现了真正意义上的大学。所以中国以前没有西方的那种专职学术人员。而培养专职学术人员是西方文化圈的一种主要的教育方式。

印欧和英美文化圈的另一种主要的教书育人的形式，也是培养众多专业人才的一种形式——宗教修道院，在中国也很式微。随着佛教的传入，中国曾不时有僧团运动，但这些僧团运动在8世纪至10世纪被扼杀，从此再也没有独立兴盛起来。道家虽然有很多隐士到偏远的山林中打坐，但没有专职的"教士"；儒家培育了很多学者，但也没有真正意义上的"教士"。

综上所述，中国呈现出一个强大但简单的形态。与印度、日本和西方的四重结构不同，中国只有两层结构，即人数极少的统治者和文人士大夫阶层（统治阶层），以及数量庞大的工匠、商人和广大农民。中国人只有一条向上攀升的阶梯，即通过科举进入官僚体系。

公有和私有
Public and Private

在大多数社会中，各种财产要么由特定的个人或家庭集团拥有，要么完全公有。换句话说，一只动物或一片田地为某一个人或家庭所有，而河流、山川或海洋则属于任何能够使用它的人。这就导致了所谓的"公地悲剧"，河流和海洋的水生物被过度捕捞，森林被破坏，因为它们的使用权不是某个特定的人或团体所有的。

这种完全私有或完全公有的二元对立式的所有制，被镌刻在罗马法中，在中国历史上也是如此。这是世界上许多地方环境遭到破坏和污染的根源。

英国的法律体系对财产问题给予了极大的关注：三分之二以上的法条和司法案例都与产权有关。在此背景下，英国形成了独特的第三类财产制，既非私人财产，也不是公共财产。这些资产并不完全是私有的，因为它们并不专属于任何一个人或家庭。

然而，它们也不是公有的，因为只有特定的人在特定条件下才能使用它们。作为剑桥大学的一员，我对此有亲身体会。

作为大学的教职人员和管理机构的成员之一，我可以使用学校的资源：在草地上散步、参加颂歌仪式、在酒窖里存酒、使用图书馆、使用一个房间。这些资源是教职人员之外的其他人无法使用的。但我对这些资源的使用在很多方面也受到限制。

过去，英国村庄的普通权利中就体现了"公地"的概念，但不是"公地悲剧"意义上的公地。某些持有特定房屋的村民，可以在特定的时期将有限数量的动物放到"公有"的土地上，在特定的季节捕捉超过一定长度的鱼，从特定的树上砍下一定长度的树枝。这一切都受到了严格的管制。

这些"公地"如今在英国人生活中的许多方面都可以看到，比如公园、人行道和图书馆。这个制度非常灵活，可以激励个人改善公共设施。

　　这可能是中国的一个发展方向。目前，中国基本上没有英国意义上的"公共"传统。中国是否以及多快会广泛地践行这个外来的但却很宝贵的理念，还是个未知数。

Q

秦始皇 The First Emperor of Qin / 264

秦始皇
The First Emperor of Qin

公元前221年，秦始皇（原名赵政）统一了历经五百年战乱的中国。秦国征服了其他所有的国家（六国）。此后，尽管中国不时遭遇分崩离析、外族入侵，但基本保持了秦始皇留下的统治秩序。

托克维尔提出，如果我们想了解一种文明，就应该看"原点"。原点就像种子，包含了树木、泉水、河流、建筑物。原点让我们对后来发生的一切有了深刻的理解。秦始皇和他开创的新制度就是中国封建社会的"原点"。

战国时期的君主们曾使中国四分五裂，秦始皇摧毁了这种旧的制度。他用新的制度取代了世袭制和分封制。据此，中国被划分为36个郡。每一个郡都由三位长官管理，一位负责行政事务，一位负责军事事务，第三位直接向皇帝汇报情况，这保证了地方始终按照中央的要求工作。

换句话说，秦始皇把中国从一个传统的封建文明变成了世界上第一个，也是唯一一个中央集权的官僚帝国。在这里，权力不是仅仅掌握在有权势的家族手中的，也是属于训练有素的行政人员的。

秦始皇还进行了许多重要的变革。他统一了度量衡和钱币，建立了统一的道路和水路交通系统，修建了中国的大部分长城。

可悲的是，秦始皇希望在他统治元年重启世界，并主张摆脱"旧思想"，于是下达了系统性摧毁旧有文化体系的指令。所有能找到的书几乎都被烧毁。

秦始皇死于公元前210年。他渴望长生不老，他那令人惊叹的墓冢，以及守护他的兵马俑，就是为了确保他在死后"永生"。

R

日新月异 Rapid Change / 268

稀有的土壤 Rare Earths / 270

对传统的重塑 Reinvention of Traditions / 271

责任 Responsibility / 272

稻米 Rice / 273

日新月异
Rapid Change

回望我1947年4月从印度回到英国之后的生活，我对英国的变化感到惊讶。当我在第二次世界大战结束后不久来到这里时，英国仍然是当时世界历史上最大的帝国，然而几个月后，它就开始随着印度的独立而崩溃。在当时，英国仍然实行的是战时配给制，几乎没人拥有汽车或电话，电视和乘坐飞机旅行也没有普及。道路很窄，风很大，也没有高速公路。

但在几年后，国民医疗保健制度开始实施，牙科及其他医学得到了极大发展；在20世纪50年代，新的流行文化诞生，摇滚乐、流行乐、爵士乐、民间音乐通过新的电子媒介——光盘和电视广泛传播；到了20世纪60年代，学校拥有了新的教育制度，英国开设了许多新大学，更多学生有了入学机会。随着年轻人的反抗，不同年龄段的人之间的关系得到重新调整；而随着反对歧视同性恋的运动和女权运动的兴起，以及避孕措施的普及，性和两性关系也发生了一些变化。

从20世纪50年代中期到20世纪70年代中期，我身边似乎发生了革命性的变化。随后时代前进的步伐放缓了20年，紧接着互联网时代便开始了。在过去的15年时间里，随着大数据、智能手机和社交媒体的兴起，我们的生活又一次发生了革命性的变化。

我觉得自己仿佛在很多方面都经历了一系列巨大的变革：工业、科技、医疗、社会和文化。当我现在再看到70年前的照片时，我感觉自己似乎生活在另一个世界。

然而这一切与中国经历的巨大变化的速度和深度相比，都不值一提。改革开放后，中国同样经历了一次巨变。四十多年间，中国经历了英国花了一百多年才完成的工业化。它经历了一场城市革命，大量的人口从农村迁移到庞大的城市，他们的生活方式发生了改变。中国社会在教育、家庭结构和法律方面经历了许多变革。它经历了如此深刻的通信革命，现在的中国拥有世界上非常先进的互联网和移动技术。中国在几十年的时间里建设了巨大的城市、公路、铁路、机场和工厂。

这给人们带来的影响是前所未有的。让我觉得惊讶之处在于，我在中国的旅行里，很少会发现由这种巨大变革所带来的脱节或错位的迹象。我遇到的中国人都很坚韧、适应能力强、冷静和敬业。这是一个总体来说非常平和、满怀希望地面对未来的国家。

稀有的土壤
Rare Earths

Rare在英语中有多重意思。它可以表示非常特殊，也可以表示不寻常，即要么很少被发现，要么很难被利用。根据第一种意思来说，中国在一种非常特殊的土壤中拥有一种特殊的资源。这就是由大江大河带下来的黄土，在长江三角洲、黄河三角洲、珠江三角洲经过几万年的沉积，并在周期性的大洪水中得到补充。这种土壤富饶肥沃，被这类土壤所覆盖的地区很早就成为中国的粮仓。在此基础上，这些地区也发展出了古老的文明，在现代又成为中国最富有的地区。

Rare的第二种意思是黏土，又被称为高岭土，这是中国瓷器的必要原料，在中国以外只有少数地方能找到。中国人非常幸运。

中国另一种稀有土壤的学名即为"稀土"，是17种金属元素的总称，包括铈、镝、铒、铕、钇以及另外12种。这些稀土对现代计算机、手机、核磁共振扫描仪、卫星、太阳能电池板、核反应堆和其他许多高科技设备来说必不可少。它们之所以"稀有"，不一定是因为它们分布并不广泛，而是因为它们很难加工利用。目前世界上90%的稀土都产自中国。稀土为中国发展高科技提供了一个优势。

对传统的重塑
Reinvention of Traditions

中国许多历史与文化财富在20世纪的动荡中被摧毁，包括众多的古建筑、寺院、文献和许多珍贵的艺术品。这使得中国人非常迫切地需要重塑他们失去的文化传统。怎么做才是最好的呢？

其中一个方法可能是人类学家所使用的"重塑传统"的方法。为了使激进的变化看起来很自然，社会需要审视自己的过去，并在其中找到它们"重塑传统"的早期原型。这并不是无中生有，而是将过去发生过的事带入当代的环境。必须有一些已经存在的东西才能使"重塑传统"变得可信。

中国目前正在这一进程之中。它审视自己的历史和传统，试图观察早期的中国文化，特别是儒家文化中有哪些东西能够在当前背景下重新得到认同。中国也在研究其他传统文化根源——道教、理学和佛教。中国人还在研究古琴、书法、武术和射箭，建立孔子研究院、博物馆和档案馆。所有这些活动以及一大批关于"新儒学"的书籍都表明，人们意识到，凡是在19世纪和20世纪中华文明遭到损毁时能够被抢救出来的东西，都应该重新得到审视。

责任
Responsibility

从童年起我就被教导：我是社会的一部分，而不仅仅是一个家庭的成员。事实上，随着岁月的推移，我的责任天平越来越多地倾向更广泛的社会。我的大部分时间都在学校里度过，长期远离家乡使我养成了尊重陌生人的习惯；如果可能的话，不仅是尊重，还会善待陌生人。我应该搀扶年迈的妇人过马路，在公交车或火车上把座位让给妇女和老人；我应该信任我遇到的人，对所有人都要彬彬有礼。如果可以通过捡拾垃圾、为慈善机构捐款、参与地方委员会（学校董事会、教区委员会或邻里组织）等方式来改善社会，我就应该尽我所能。

换句话说，在我的世界里，我知道自己受益于他人的帮助和关心，受益于陌生人的善意，我也应该加入进来。我经常被告诫要"把我的面包投在水面上"，也就是说不带任何特定目的慷慨奉献；并相信，如果每个人都这样做，我们所有人都会从中受益。如果我在拥堵的道路上给别的汽车让出一条应急道路，将来别人也会为我这样做；如果我捡起垃圾，保持房前屋后的整洁，别人也会这样做。我的目标是为自己所在的国家乃至世界上所有人作出贡献，这与我对亲人的义务同样重要，甚至更为重要。

我曾以为这是一种普遍的道德观，但当我去印度以及后来去中国时，我才发现并非如此。即使在南欧，我也看到了所谓"不道德的家庭主义"迹象，即认为道德和义务在很大程度上仅限于家庭的范围内。人们可以通过在公共场所倾倒垃圾的行为、鲁莽的驾驶行为以及对陌生人缺乏礼貌的行为看到这一点。

中国在许多世纪以来都是以宗族或家庭为道德责任单位的。除了与朋友和皇帝的关系之外，所有的儒家责任关系都在家庭之内。

稻米
Rice

中国的耕作区域可以大致分为两部分，南方种植水稻，北方种植小麦、小米等硬粒型粮食（后来又种植玉米）。我在这里对中国南方的情况进行论述，因为南方的人口密度更大。

在水稻种植区，这种作物的影响极大。水稻种植最早始于八千多年前中国江河沿岸的肥沃土壤、季风降雨和温暖的温度非常适合种水稻，尽管水稻在中国南部和西南部山区的梯田也能生长良好。

水稻是一种神奇的植物。最重要的是，它的产量非常高，养活了世界上一半以上的人口，而且每公顷土地生产出的水稻所能提供的营养比任何硬粒型粮食都要多。当它在潮湿的稻田中以湿态生长时，不需要额外施肥。它的生长速度非常快，在中国南方一年可以种四茬；而在北方，一年也通常可以种两茬。正因为如此，弗尼瓦尔（Furnivall）将曾经是亚洲粮仓的缅甸描述为"没有烟囱的工厂"。由于水稻主要依靠人力来种植，特别是插秧、除草和收割等环节，所以可以非常有效地吸收额外的劳动力。

特别是在8世纪的唐朝以后，中国南方大部分地区被开垦出来，中国的经济重心转移到了南方——这也为北方提供了大量通过大运河运送而来的大米。

我们可以将软谷物（特别是大米）与硬谷物（特别是小麦、大麦和玉米）的效果做一个非常明显的比较。软谷物既不需要牲畜耕作，也不需要产生肥料。硬谷物需要大量的牲畜资源，就像我们在欧美发现的那样。软谷物需要大量人力投入，从孟德斯鸠开始就注意到了这一点，这导致了难以想象的人口聚集和人口快速增长。

在中国南方，生产软谷物使农民倾向于拥有小块土地，很少会产生规模经济，也不可能建立大的庄园。生产硬谷物则会催生更大的所有权单位，欧洲的庄园和大农场就是一个例子。生产软谷物耗费大量人力而不太需要补充动力，无论是来自动物的还是机械的，比如大型磨坊等。西方（如英国）的谷物生产，带来了技术的快速发展，并以马、牛、羊和水磨、风车来作为人力的补充。西方走向了工业文明，中国走向了勤劳的文明。

正如亚当·斯密等人所说的那样，水稻带来了一个"陷阱"，这其中包括人口过剩、土地分割成越来越多的小块，还把大量人力束缚在了稻田里。这种观点也被近年来一些人类学家所接受，如克利福德·格尔茨（Clifford Geertz）在爪哇提出的"农业内卷化"（agriculture involution）观点。同时，硬谷物的生产则驱使人们使用更多人力以外的动力，同时也创造出了一个更加阶级化和不平等的社会，并且非常偶然地使人们通过工业革命摆脱了对农业的依赖。

S

学者 Scholars / 278

科学与文明 Science and Civilisation / 280

深圳 Shenzhen / 284

未来的冲击 Shock of the Future / 285

丝绸和丝绸之路 Silk and Silk Roads / 288

罪和罪恶感 Sin and Guilt / 290

社交媒体和数字通信 Social Media and Digital Communication / 292

土地 Soil / 292

学者
Scholars

不同文明中对学者和学术的尊重程度有很大不同。当我审视英国历史以及如今整个英美文化圈的历史时，我注意到，虽然学者是一个很有价值的职业，但它并不特别。乖戾的老学究常常成为被人取笑和批评的对象，被视为"书呆子"，被认为生活在"象牙塔"里。

正如叶芝在《学究们》（*The Scholars*）一诗中所写的那样：

> 秃脑瓜常健忘他们的罪孽，
> 年老，博学，体面的秃头；
> 个个都在墨水里咳嗽，都曳足在那；
> 用他们的鞋磨坏毯子；
> 全部都暗忖着别人的想法。

学者会在他们的专业范围内得到尊重，但很少会拥有更广泛的权威。他们的社会地位与其他职业不相上下，一个大学教授不会比一个中级军官、一个小法官、一个成功的商人、一个牧师、一个国会议员更受尊敬。如今，他们的地位可能还比不过一个成功的足球运动员或流行歌手。

在欧洲大陆国家里，学者的地位似乎更高。他们的书有时是现象级的畅销书。他们的言论哪怕在他们专业范围之外也会受到人们的追捧。他们乐于扮演"公共知识分子"的角色，变得和艺人或运动员一样出名。

我曾以羡慕的眼光看着人们对我的法国同行的尊敬。但现在，当我研究中国两千年文明史中的儒林史时，我的欧洲大陆学者朋友所受到的尊敬似乎远不及中国古代知识分子所受到的尊重。随着科举制的建立，知识分子通过以学识为基础的竞争性考试获得职位，并以此作为走向成功的基础，皇帝与"学而优则仕"的官员一起统治国家。学者的权力极大，即使处于较低级别的学者也仍然备受尊重。书法、诗词、历史都受到极大的推崇，学者和学术在中国发挥着核心作用。

在好的时候，这给学者们带来了权力和财富，几乎没有任何其他职业能与之竞争。但在不好的时候，例如秦二世统治时期，他们作为昔日的"知识堡垒"受到了巨大伤害。或许我是幸运的，受到的尊敬没有太过突出，也因此免于经历人生的大起大落。

科学与文明
Science and Civilisation

　　研究中国科学和文明的伟大学者李约瑟，晚年用大量著作记录了中国技术的成熟和早熟。到了14世纪的时候，中国人已经发明了当时世界上大多数伟大的技术——机械钟、机械纺织、火药、指南针、印刷术、瓷器、丝织品、茶叶种植、复杂的灌溉系统、带有内部空气装置以保持船只漂浮的巨大船只，以及基于成绩考核的非凡的教育系统。

　　如果说有什么地方有可能发展出一个工业化、科学化的世界，那么当一个观察者回想13世纪马可·波罗访问的当时世界上最大的城市杭州时，他可能会预言这个地方会是中国。

　　然而，中国不仅没有这样发展，反而正中伊懋可所说的"高水平均衡陷阱"下怀，变得越来越衰弱，至少相对而言是这样。到了19世纪，这个世界上最富有、最古老的文明被英国击败了。这一点尤其令人吃惊，因为直到19世纪中叶，世界上大部分的财富仍旧都在中国。

　　李约瑟提出的问题是，为什么西方发生了一场全面的科学革命，也就是说发展出了一种准确研究自然规律的方法，而中国却没有发生这种情况。

　　关于这个问题，可以初步说几件事。第一，虽然20世纪

80年代的一些作家试图忽视或破坏李约瑟的研究成果，但他们并没有成功。问题依然存在。第二，在阿拉伯文明中我们也可以观察到大致相似的模式。那里的技术成就虽然不如中国，但阿拉伯人一段时间内在一些领域的知识水平，例如天文学、医学、数学，比中国高。到公元1100年左右，阿拉伯国家看起来似乎会有持续的科学突破——但它并没有。

此外，我需要把李约瑟的问题反过来看。换句话说，问题不是中国和阿拉伯国家为何变得不发达了，问题是要解释为何西方能在16世纪前后向新的知识世界进发。

如果我们把问题这样反过来看，就可以观察到，与西方国家相比，某些在中国和阿拉伯国家中缺失的东西。第一是强大、独立的大学的发展，历代学者联合起来发现新事物。早期中国和阿拉伯国家的学院并不是西方意义上的大学，大多逐渐消失或被压制了。不过也有一两个例外，比如中国湖南的岳麓书院，虽然被儒家学者接管，但仍然存在。

第二是欧洲独特的政治格局。在欧洲，科学经常挑战正统，科学家往往会受到骚扰或伤害。在中国和阿拉伯国家，在许多方面都是统一的、同质的，而且有强大的统治者，其势力遍及广大地区。这使新知识"可以安全涌现的窗口"很少。而欧洲分裂成许多小的交战王国，适合持不同意见和具有挑战性思想的人生存。例如，当西班牙和意大利的早期科学受到天主教会的压制时，思想家们就逃到荷兰、北欧国家和英国等信奉新教的地区。

第三，也是李约瑟本人强调的，就是信仰方面的差异。孔子的信众对新知识持怀疑态度，他的追随者也不断地回到原来的观点中去。而基督教认为知识带给人们的是一种逐步展开的、渐进的、指向未来的启示。

而基督教认为，上帝创造了一个以不变法则为基础的宇宙。这些定律在创造世界时就已经固定下来，可以被人类发现。事实上，人类的责任就是发现自己的本质，并传播这些知识。这与中国的风水学和多变的宇宙论完全相反。

中国佛教强调，精神世界和物质世界是不分彼此的，后者是一种幻象。没有永久的、深奥的规律，只有浮动的、不断变化的世界。在这样的精神和道德环境中，真正的科学发展是不可能实现的。因为科学规律往往是隐蔽但可以被发现的，然而一旦被发现就不可改变并能够被预测。

中国人的宇宙观由于道教的神奇力量而变得更加不稳定，这些神秘力量可以随着风、水、星辰的排列变化而产生无穷无尽的特殊情况且不可重复的事件。可以这么说，如果第一批西方科学家已经置身于量子力学的不确定世界中，他们将很难取得突破。

第四，西方科学的一个特点是系统地探索更深层的真理，并将其应用于解决实际问题，这是一种高尚的追求。实践者们准备亲手做物理实验。像罗伯特·波义耳、科克伯爵（Earl of Cork）或新农业实践的发明者之一汤森德勋爵（Lord Townsend）这样地位崇高的人都乐于从事"科学"工作，更不用说众多神职人员和大学教师了。与此相反，在中国，文人和受过私塾教育的精英们则回避体力劳动和实验，因为那是贬低他们的行为，使他们脱离了儒家传统对他们的要求。

第五，西方科学革命的一个核心内容是利用玻璃仪器进行高质量实验。我和格里·马丁在《玻璃的世界》一书中指出，在过去2000年中的20项重大科学发现里，有16项在其被发现的某个阶段需要使用玻璃仪器。如果没有玻璃，天文学、化学、医学和许多其他学科都不可能走向成功。

中国在早期起步后未能将玻璃工业发展到与意大利和荷兰的纯玻璃相当的程度，这不仅是因为缺乏文艺复兴时期的精确艺术，而且也因为科学革命。玻璃技术即使不是科学的充分条件，也是科学的必要条件。还有其他必要条件，例如从15世纪后半期开始的欧洲大航海时代所带来的知识的大幅增加，也对旧有观念提出了挑战。

第六，李约瑟提出，西方的资本主义制度是西方得以发展的一个重要因素。阿拉伯国家有巨大的贸易网络，但缺乏银行系统、先进的经济制度以及工业制造系统。中国有庞大的内陆贸易和大量的小型制造业，然而，赚钱常被文人视为一种耻辱，市场上从来没有出现过像富格尔家族以及后来的罗斯柴尔德家族等商业巨头。通过对更好工艺的持续追求来赢得竞争的精神，通过无休止地追求更好更新的技术方法来打败对手的毅力、在实现技术突破时以低成本大规模地生产商品的组织……

深圳
Shenzhen

深圳是一座神奇的城市：每次我们来到这里，听到它的发展历史和取得的进步，我都感觉到这里正在建立一个新世界，它将塑造我们所有人的未来。它对中国的历史和现在所处的地位极为重要——目前全中国几乎一半的新发明专利申请都来自深圳。这就有理由把这个城市单独挑出来看。当然，如果能把其他一些历史悠久、影响巨大的城市也挑出来看，那将同样是很有意思的事。

20世纪80年代，深圳还是一个约有3万人口的小渔村。随着改革开放，深圳开始吸引来自中国各地的外来人口。现在，它正式成为一个拥有超过1300万外来人口的城市。

深圳被设计和规划为一个新型城市，效率极高，到处都是树木和公园、图书馆与书店。深圳书展是世界上最大的书展之一，并且深圳拥有世界上最大的单层书店。

深圳已经和硅谷的很多领域平起平坐，并且据说在几年之内，深圳的人工智能和可再生能源产品就将领先于世界。深圳生产优质的绿色能源汽车和其他机械设备，并在教育体制和法律法规的新发展方面进行试验。

一想到深圳在20年左右的时间里究竟取得了哪些成就，你就不得不感到惊讶。深圳的发展得益于大量有活力、有技术的年轻人的涌入，拥有良好的交通和法律体系，以及它优越的地理位置——靠近香港和广州。单是这个地区的经济实力就几乎已经超过了英国或法国等地，而且很快就会超过日本。

我觉得深圳的魅力在于，它让我们看到了未来。它的效率很高，充满了最先进的电子基础设施；如前所述，它还是一个拥有许多公园、图书馆、书店、画廊、茶馆和充满文化氛围的城市。当我们走向一个大部分生产都将由人工智能设备完成的世界时，深圳将成为一个先锋。我们可以想象事情可能会如何发展。英国和欧洲大部分地区的城市，甚至是美国的城市，似乎都是老式的，还生活在20世纪。深圳是一个21世纪的城市，继煤炭和电报时代、石油时代和早期互联网时代后，人们在这里感受到前所未有的东西，这里可能会实现第四次工业革命。

未来的冲击
Shock of the Future

每次我来到中国，中国似乎都比上次有了很大的变化。这不仅体现在新的火车、飞机、道路和城市等物质方面，也体现在人们生活中的变化上。这一点，中国人自己也觉得非同一般。那些向我建议在本书中应该写些什么的人，经常要求我注意一下这场电子革命中所包含的元素。

中国能为西方游客带来未来感的原因有几个。第一，放眼整个英国，特别是我的家乡剑桥，很难迅速发生一些改变。"既然能用，为什么要修"是一种普遍观念。虽然手机、电动汽车和科学园区等事物被人们接受，但新技术在英国所面临的阻力却比中国大得多。而20年前曾经技术落后的中国，却比许多老牌发达国家更快、更有创造力地跃进互联网时代，因为它没有"路径依赖"。换句话说，它并没有像欧洲，甚至像美国那样墨守成规。

第二，中国的指令性经济，意味着如果有一个新理念需要由国家力量来推进实施，那么它就会被迅速推出。早在2005年前后，我们惊奇地看到电信铁塔已经覆盖到了中国最偏远的地方。在政府的支持下，宽带和移动电话非常迅速的普及了广大地区。

第三，中国人本身是非常灵活、理性的人，他们以勤劳、创业和理财能力强著称，在技术上能够超越别人。他们热衷于营利，竞争力强，适应能力也很强。近年来，涌现出一批白手起家的亿万富翁，这让我想起了一百年前美国创新时代的初期。

第四，中国的书面语言，可以说非常适合互联网时代。在中国，书面语能被普遍理解，而且在迅速传递信息方面效率极高。当我的一些影片被加上字幕，或者当我的著作被翻译成中文时，我发现一个长句子可以被简化为两三个字，并且由于汉字是象形文字，阅读起来可以非常迅速。对于现在电视和手机上视觉图像占主导地位的时代来说，中国的书面语言对文化和信息的传播非常有帮助。

第五，中国庞大的市场规模对中国的现代化发挥了很大作用，一项创新成果或一个想法可以触及数百万人，一个新产品可以找到巨大的市场。当我在英国电台或电视台接受采访时，我可能最多期望有一两百万听众。而最近我接受中国中央电视台和其他主流媒体的采访时，据说受众超过2亿人。

中国现在引领世界的突破性技术有多种形式。第一是电子支付技术。这不仅包括类似于亚马逊的庞大在线购物平台，还有包括无现金商店、在线医疗，以及支付宝等无须借记卡、信用卡和现金的支付系统。同时，因为有了微信支付，我在中国遇到的年轻人都没有携带现金或银行卡。一切都可以在手机上完成，而且是立即完成。

第二，所有一切几乎都是可以即时获取的，订网约车、预订酒店、订火车票、预订餐馆座位，甚至连自行车都可以通过手机扫码获取。当我在吃饭时感到不舒服（需要吃药），需要一件套头衫或需要一本书时，只需给朋友打一个电话，无论我需要什么，这件东西都会在1个小时左右闪送过来。

第三，现在大量的教育都是在网络上完成的，因此我正在尝试将自己的一些作品转化为教育性动画片。通过互联网，人们可以获得大量信息。大量的个人信息可以通过一些高效应用软件上传，比如优酷、微信以及抖音，等等。

换句话说，互联网和人工智能的交汇所带来的影响在中国被极大地强化了。即使是在慢节奏的西方，我们也每天都能看到它正在改变孩子们的生活。

因此，在5G领域，中国华为公司在能力和设计上领先于竞争对手并因此在全世界引起相当大的焦虑，也就不足为奇了。5G技术已经在中国推广，这将使中国在新一代技术上的领先优势得到加强。

中国的发展不容忽视。我认为这就像托克维尔在1831年第一次去美国时那样，意识到他所看到的是一个与"旧欧洲"完全不同的文明；他脚下的土地上，是那些古老而动作缓慢的文明之手所无法触及的。

丝绸和丝绸之路
Silk and Silk Roads

历史上最伟大的陆上和海上交通系统被称为"丝绸之路"并非偶然。虽然中国有好几种送往千里之外交易的热门商品，茶叶和瓷器都位列其中。但在早期，丝绸是最主要的商品。

据推测，最早的丝绸是在距今5000多年的遗址中被发现的。在大约3000年前的中国墓葬和养蚕书籍中，有许多丝绸的影子。虽然中国人试图将生产方法保密，但在公元前200年左右，在中国的帮助下，制造丝绸的技术传到了朝鲜半岛，并在公元140年传到了印度。到了中世纪时期，意大利是西方最重要的丝绸生产国，其中大部分丝绸产品是在卡拉布里亚地区生产的。

在1996年来到中国之前，我曾听说过丝绸之路，但除了模糊地认为有一条从中国横跨到欧洲的道路，这条路将商人和思想从东方带到西方之外，我对它一无所知。现在，随着彼得·弗兰科潘（Peter Frankopan）所著《丝绸之路：一部全新的世界史》（*The Silk Road*）畅销，我对丝绸之路的印象逐渐清晰起来。

"丝绸之路"其实有很多条。首先，有两组"路"，陆路（"一带一路"倡议中称之为"带"）和海路。第一组丝绸之路大约始于公元前130年的汉朝时期，后来分为两大主线，其中一条主道从中国直接向西（有各种不同路线），穿过中亚到达现在的土耳其、阿拉伯和印度。

这是我儿时的记忆里就有的丝绸之路，用于运送丝绸和其他货物，尽管经常被游牧部落的人封锁。

还有另一条道路穿过东南亚的缅甸和其他国家，以及许多辅助小路，它们通常被称为"茶马古道"，把茶叶运到中国西藏和南方地区。

另一组路线是海上丝绸之路，主要从广州出发，途经越南；通过这些路线，中国商人将货物运往太平洋的岛屿，然后再通过苏门答腊海峡运往印度、阿拉伯湾和红海。因此，早在8世纪时，中国与地中海之间就有了紧密的海陆联系。

就像现代中国的很多事情一样，目前"一带一路"倡议源远流长，反映了两千多年前就存在的几组道路。

通过这些年到访中国，我才逐渐领略到中国丝绸的美丽和神奇。通过与江苏省的一个丝绸制造中心，特别是与古都南京的良好关系，我现在自豪地拥有了几条精美的丝绸领带，以绚丽的红色和黄色为主色。它们比我过去所系的剑桥大学的领带色彩更亮丽。我妻子也有许多漂亮的丝巾，是我们的中国朋友慷慨赠送的。丝绸和中华文明交织在一起。丝绸凭借其优雅、美丽、温润、清爽的特点，似乎成了中国的一种象征。

罪和罪恶感
Sin and Guilt

我成长并生活在一个基督教文明中，这种文明向我灌输了强烈的罪和罪恶感的概念。基督教教义强调"原罪"：人在出生时就是有缺陷和有罪的，其罪恶必须通过洗礼才能部分消除。由于亚当和夏娃的罪，人类已经堕落，被赶出伊甸园。这个想法一直伴随着我，每当我撒谎、感到自满时，我都会感到深深内疚，因为我犯了罪。即使除了上帝，没有人知道我的想法。

当我对喜马拉雅山麓的部落居民进行调查，以及后来去日本和中国工作时，我最大的乐趣之一就是意识到其他人的想法与我不同。我发现他们的文化中都没有我意识中那种"罪"的概念，他们不相信"原罪"，也不相信身体与心灵、精神的斗争。

当然，如果你在这些文明中做了什么错事被发现了，你可能会感到羞耻，在别人面前丢面子，但没有人会指责你背叛上帝，也不会被降下永恒的火刑和诅咒；在西方文化中，只有自己真心悔改才能获得上帝的怜悯和宽恕。

当然，中国人对道德和不道德也有自己清晰的判断。他们谴责说谎、杀戮、贪婪和大多数我们宣称为罪恶的东西。然而，这些道德规范总体上并没有与超自然的力量纠缠在一起。道教和禅宗没有西方的罪和罪恶感的概念。二者主张个人应该避免不道德的行为，因为这会使他们远离"道"，让人们更难以摆脱生命的轮回，难以最终走向涅槃重生。

社交媒体和数字通信
Social Media and Digital Communication

　　社交媒体，以及更广泛的数字通信革命，在过去20年间才真正兴起，其中大部分激变在过去10年内随着智能手机的普及而出现，这正在改变一切。我发现，在一个偏远的喜马拉雅山村里，平均每个人都拥有两部手机；剑桥的街道和房间里到处都是发推特、点赞、用脸书和照片墙的人。

　　让我惊讶的是，20多年前中国的技术水平还很低，现在却让人感觉中国是这场技术革命的中心和最先进的一分子。即使是在过去3年时间里，中国也已经取得了飞跃式的进步，尤其是功能强大而廉价的智能手机、覆盖到最偏远地区的优质宽带、从4G向5G的转变，还有像微信这样惊人的社交软件。

土地
Soil

　　中国著名的人类学家费孝通最著名的一本书叫作《乡土

中国》。他对中国人"灵魂"的诠释，正确地聚焦在中国人与土地的关系上，特别是农民与村落和乡土的"精神脐带"上。他知道，这是包括印度、墨西哥和欧洲国家在内的所有伟大的农业文明的一个共有的特点，即世代在土地上劳作的人们对某块土地的感情非常深厚。即使在爱尔兰南部，一个家庭将自己的农场世代相传，即"把名字留在土地上"，也是一种非常重要的价值观。

许多世纪以来，绝大多数中国人都生活在村庄里，生活在由家庭持有的土地上，这往往是几代人的土地。每一块石头、每一条沟渠、每一棵树、每一条溪流都被人们所熟知，因为人们在那里出生，在那里结婚，在那里去世。所有的风景都充满了力量，而这些土地又成为祖先的坟墓。土地和农民是一体的。

T

税收 Taxation / 296

茶叶 Tea / 299

茶道仪式 Tea Ceremonies / 300

团队体育竞赛 Team Games / 302

兵马俑 Terracotta Army / 303

《大分流》*The Great Divergence* / 305

中医 Traditional Chinese Medicine / 307

税收
Taxation

几个世纪前，现代经济学的创始人亚当·斯密提出，经济持续增长的三个基本条件之一，除了和平和良好的法律制度，就是他所说的"易税"。很多人以为亚当·斯密所说的"易"是指轻税、低税。这是一种误解。亚当·斯密很清楚，当时英国的税率比欧洲任何地方都要高，可能只有荷兰是个例外。在英国，人均上缴的税款至少是法国王室从其臣民身上所能征收的税款的四倍。所以"易"并不是指支付的数额。

他的意思是说，这些税款应被那些纳税人所接受。这些税款之所以能够被接受，是因为有一些特点。

第一，纳税人可以对交多少税和为了什么目的而交税有发言权。英国的税收是由代表主要纳税阶层的议会投票决定的，议会经常修改或否决它认为不合理的税收政策。

第二，税收应该是针对某些容易征税的事物征收合理税款——对贸易收入、某些消耗品、遗产征税，而不应针对土地和住房征税。

第三，税收应该是可预见的——不应该有突如其来的额外税收。

第四，这些税款应该由当地人筹集，而不是由税农（被赋予加税权的人，以向政府缴纳部分筹集的税款作为回报）或由腐败的政府官员筹集。

第五，也是最重要的一点，应该明确的是，无论是在村、镇、省还是国家层面，通过税收筹集的资金都应该用于正当的目的。筹集的钱应该用于帮助穷人，用于修建桥梁和教堂，用于维持海军，偶尔也用于维持陆军。它不应该被用于供养冗余的官僚机构、闲散的官员或贵族。

由于税收政策合理，且一般都能满足上述这些条件，所以英国王室能够筹集到大量的资金，地方政府也有合理的经费。人们纷纷纳税，避税是很困难的。这种良好的局面一直保持到今天。富人交的税比穷人多，人们对税收政策相对信任，并如实申报自己的财富。

之前的中国与大多数前现代社会一样，在这些社会中，收税绝非易事。皇帝发现通过税收很难筹集到可观的资金。例如，从19世纪60年代开始，在赫德和其他英国官员的帮助下，关税和税收才在中国成为一项严肃的、廉洁的、能够增加收入的业务。几百年来，疲弱的税收制度是中国过去许多问题的根源，并延续到现在。

　　因此，皇帝不得不采用一种税款包征策略，他没有钱给他的仆人、官吏、中央的帝国官僚甚至军队。相反，那些人要自己筹钱支付自己的工资和开支。他们被赋予了权力——审判案件、发放许可证、管理经济活动，这些权力可以让官吏用来筹集自己的生活费用。这显然导致了持续的滥权和腐败，但这是体制的痼疾。官吏变得不负责任，他们间接地、秘密地从事一些"交易"。

　　朝廷在拼命寻找资金时不得不使用的第二种方法，是掠夺成功的人和非常富裕的人。一个城市、企业或农家，如果多年来成功致富，就会成为人们关注的对象，会突然发现自己的财富被以某种莫须有的借口剥夺了。许多人赞同这种平等化过程，因为它往往针对的是那些财大气粗的人，能够把他们的财富转移到有用的事业上。然而，这也是有害的，因为它导致了一种普遍的不信任、不安全的气氛；这也放慢了成功企业家的资本积累，并使其事业停滞不前。

　　过去，由于缺乏良好的税收制，当时中国的实力被削弱了，这导致了税收权力被"出租"给下层官吏。因为皇帝"不给他们发薪水"，他们只能利用一切机会让自己发财。

茶叶
Tea

茶叶，是地球上（人类）消耗最多的物质之一，仅次于空气和水。茶叶改变了世界的命运，促成了工业革命等大事件的发生，也促成了一些小事件，如导致美国独立的波士顿倾茶事件。

随着女性地位的提高，新时尚和茶道的出现，茶改变了社会。它改变了宗教——东亚的佛教和茶叶有着很深的渊源，英国"不伦不类"的茶也是如此。它以强大而持久的方式影响了艺术和制造业（如瓷器）。茶叶之所以能做到这一点，是因为它价格便宜、质量轻、耐久、易于种植，而且作为一种饮料，它极具吸引力，因为它具有提神（咖啡因）和医用价值（类黄酮、多酚类）。

我们曾到过有许多千年以上树龄的茶树的山坡，我们也曾近距离接触过云南的一棵树龄超过3000年的茶树。作为一个阿萨姆族种茶人的儿子，我惊讶地发现，小时候围绕在我身边的东西竟然如此古老，如此重要。

茶叶一直是中国成功的主要原因之一。在唐朝，茶叶在中国人中广泛传播。唐朝及以后各朝代的成功，尤其是在中国最富庶的南方地区，很大程度上要归功于茶。茶叶帮助防止了水媒疾病的传播，可能减少甚至消除了疟疾的传播。它给了人们精力去承担水稻种植的繁重劳动，就像在日本一样。后来，茶叶是中国东部地区面向西藏、内蒙古等西部少数民族聚居地，以及由向南、向西的茶马古道到缅甸、印度的主要贸易品。

一时间，茶叶使中国通过与西方（特别是与英国）的贸易往来变得富裕起来。今天，它再次成为赚取外汇的主要来源。有人认为，中国人普遍平和的性格与饮用茶这一天然无酒精的饮料有关。因此，千百年来，茶为千千万万的中国人带来了巨大的福祉。

茶道仪式
Tea Ceremonies

有人开玩笑说，茶是英国人的"宗教"。的确，茶确实是英国人身份的核心象征，在某些场合，喝茶也有一种近乎仪式和神圣的感觉。然而到了日本和中国，你才会见识到非同寻常的"茶道"，他们把这种植物变成了一种很特别的东西。

同样是在日本，我第一次遇到这种情况是我去一个古朴的茶馆体验茶道的时候。我沿着小路穿过长满青苔的花园，蹲下身子进去，把手机、手表和鞋子等所有俗物留在外面。然后是复杂的备茶与搅茶粉，我虔诚地接过茶碗，全神贯注地与人交谈，在花团锦簇和卷轴的掩映中，我有一种特殊的感觉。这一切给我留下了深刻的印象，于是我在自己的花园里建了一座日式茶馆。

我曾以为，日本人经常这样做，他们把发源于中国的茶道形式进行了细化；这需要多年的训练，一场茶道往往要持续一个小时以上。如今在中国，随处都会有人给你端茶，但很少有比日本茶道仔细清洗茶碗和亲切端茶更郑重的饮茶形式。

然而最近，我从书中读到并参与了再现唐宋茶道风采的活动。唐人的茶道仪式与日本人精致的茶道仪式相似。我意识到，日本人保留了一种古老的仪式，就像他们在宫廷音乐上所做的那样，这种唐代传统茶道仪式在中国已经几乎消亡或被取代。中国现在的茶道是通过宋朝的仪式演变而来的，宋朝的仪式更简单，更像现在的仪式。

然而，不管是哪种仪式，很明显，茶和它的饮茶仪式深刻地影响了中国人生活的许多方面，从陶瓷到佛教，正如其他章节所述。

团队体育竞赛
Team Games

我的童年和青少年时期，无论是在寄宿学校还是在家里，大部分时间都是在参加团队体育竞赛中度过的。既有像足球、橄榄球和曲棍球这样的正式竞赛，也有与朋友们一起玩的非正式竞赛。我现在意识到，这是为了教给我们许多人生的经验——如何作为一个团队进行合作，如何在失败中生存下来，如何享受共同努力的乐趣。我还经常指出，世界上许多团队体育竞赛不是英国人发明的就是在英国正式开展的。

当我访问中国的学校，甚至是全国最好的学校时，我发现他们对团队体现竞赛的重视程度如此之低，这让我非常惊讶。他们会跑步、做体操、打乒乓球，或许还会游泳；但对我童年时期参加过的那些团队体育竞赛来说，有些中国的学校往往没有足够的场地，而且也不会给学生很多时间进行这些活动。

我曾以为，这是因为中国人以往从来就不知道有这样的游戏，他们为数不多的竞技游戏和体育项目就是射箭、击剑或武术，主要是两个或两个以上的个体相互竞争，而不是以团队的形式进行比赛。

然而最近，我在电视上看到了中国早期的一种团队体育竞赛的场景还原再现。这表明在唐朝，如果我描述准确的话，有一种类似足球（虽然它比英国足球更个人化）的体育竞赛形式，以及一种类似马球的体育竞赛形式（也是相当个人化的）。所以，团队竞赛的理念在中国是存在的，但并没有得到很大的发展。

我猜想，中国很快就会投入大量的努力来改善学生的团队体育竞赛的相关配套设施（包括软件和硬件）。人们可能会意识到，在我们这个相互联系的世界里，以团队为单位与他人竞争的能力对任何教育来说都是重要组成部分。

兵马俑
Terracotta Army

在英国，当有人发现大量的罗马钱币或盎格鲁-撒克逊珠宝时，人们会非常兴奋。现在欧洲其他地方仍有大量考古发现，但与我们在中国看到的东西相比，它们的规模和重要性都相形见绌。

我还记得1996年，我第一次见到兵马俑时的震惊。它们是用陶土塑造的，"每个人"都有一张栩栩如生的不同面孔，还有成千上万的兵马俑仍在发掘中。它们是为了在另一个世界保护秦始皇而被埋葬在秦始皇陵的，直到1974年才被发现。它们只是尚未完成的更大规模的考古工作的一部分。

当我们在成都附近参观早期的考古成果时，我也同样感到震惊。中国人在1986年发现了一个重要的青铜时代文明，叫三星堆，该文明可以追溯到公元前2800年至公元前1100年。三星堆面具的人物形象与中国其他地方的文明没有相似之处。

后来我们去了湖南省省会长沙，在长沙附近的马王堆遗址看到了一个令人惊叹的复原后的高官夫人墓葬和其中的物品。墓主人是长沙国丞相利苍的妻子，墓葬时间大约在公元前168年，发掘于1972—1974年。这可能是世界上最古老的、保存最完整的、有头发和皮肤的古尸。她死于两千多年前，随葬的还有大量的书、衣服、药品和其他物品。

这些发现都可以追溯到大约半个世纪之前。而且考古发现一直都在增加。例如，目前在长江三角洲有一个良渚文化遗址，良渚文明是新石器时代最后的玉器文明，在大约四五千年前达到鼎盛，大约与埃及金字塔同时出现，然后突然消失。它拥有先进的农业系统，包括灌溉、水稻种植和水产养殖体系。良渚文明的房屋建在桩子上，甚至建有一座带城墙的城市。这个文明在四千二百年前突然消失了。

中国考古学之所以具有巨大吸引力，是因为中国文明既宏伟又与古老文明有交汇。在过去的几千年里，许多文明在这里兴起和衰落，而且考古学作为一门科学在中国约一百年前才起步。在这期间的一半时间里，由于战争和政治动荡，无法做太多考古工作，直到现在我们才发现了这些文化遗产。

《大分流》
The Great Divergence

这指的是彭慕兰于2000年出版的一本书的书名。彭慕兰认为，直到19世纪前几十年，欧洲和中国的经济水平和发展轨迹都是相似的。后来欧洲成为工业化国家，变得更加富裕，而中国仍和以前一样。造成这种差异的主要原因是欧洲有充足的煤炭资源，并且从大量的海外殖民地获利。

这本书的观点很大胆，是他在20世纪90年代写的一套著作中的一部分，当时中国明显正再次即将成为具备世界水平的经济体。从孟德斯鸠到马克斯·韦伯，比较思想家整体认为西方有一些特殊的东西，它在深层次上与中国不同，并通过"欧洲奇迹"取得了一些前所未有的成就，这一论点是错误的。

彭慕兰的观点对许多西方比较思想家自以为是的欧洲中心论来说，是一次颠覆。彭慕兰认为，他们（西方比较思想家）中一些人认为中国停留在静态的"亚洲生产方式"或"东方专制主义"的观点是错误的。

所谓的"加州学派"的观点也有许多问题。我只列举其中的几个，因为这需要一本书来讨论所有的反对论点，这些反对论点自彭慕兰的书出版以来就一直在积累。

彭慕兰提出的中欧差异的原因是错误的。中国有非常巨大的煤炭储量，不仅在东北，甚至在彭慕兰关注的中心地带——东南部地区也有。一个国家光靠煤炭——正如后期开发出大量煤炭的德国北部和法国东部那样，本身并不会有什么成就。中国也有大量的海外贸易，沿着海上和陆上丝绸之路出口了大量商品，并与邻近的国家做贸易。

此外，彭慕兰还进行了错误的比较，他将中国最富有的一些地方——长江三角洲与整个欧洲，包括欧洲比较贫穷的地区进行比较。如果他把中国和英国或荷兰进行比较，结果就会大不相同。他还倾向于研究18世纪末的静态横向比较结果，从而忽略了英国等国自中世纪以来长达数百年的财富积累和中国自宋朝以来所陷入的经济发展停滞。

最重要的是，他忽略了除水稻种植投入产出数据和其他经济衡量指标外的一切背景因素（这一点已经引起专家们的争议），从而掩盖了东西方经济发展背景的巨大差异。他也没有认真讨论东西方政治或法律制度上的差异——如税收、财产法，以及它们对经济活动的保护程度。

书中没有认真讨论阶级制度和贫富分化的关系以及家庭结构和工作模式的关系，没有讨论科学或新技术的作用。例如，彭慕兰没有注意到李约瑟的许多研究，而这些研究显示了中国和西方在发展关于自然规律可靠知识和实用技术方面有多么不同。

该书包含了一些有趣的、玄妙的东西；也提醒我们，就国内生产总值而言，在1820年左右之前，中国是世界上最大的经济体。它还提醒我们，我们现在知道了没有什么内在因素可以阻止中国再次成为最大的经济体。西方国家首先实现了突破，中国也可以像一个世纪前的日本一样，实现同样的突破。然而，现实的情况比《大分流》和类似的书中讲述的故事要复杂得多。

中医
Traditional Chinese Medicine

在我去中国之前，我对中医一无所知。我想我应该知道，与印度的另类阿育吠陀疗法（印度草药按摩）一样，中国和日本也有自己的本土医疗体系。然而，它们是如何运作的，是否有效，它们的主要组成因素是什么，我都不知道。

现在不同了。除了吃瓶瓶罐罐的西药、看病之外，我现在还有一些传统的中国药方。我第一次见识到它们的疗效是在中国。当我的手被车门夹住的时候，使用中药后几分钟，难以忍受的疼痛和肿胀就完全消失了。从此以后，我就用这个方法治好了许多瘀伤和肿胀。

后来，当我和其他人有严重的肌肉疼痛时，我们贴上别人告诉我们的"膏药"——尽管后来我知道它只是名字这么叫，疼痛奇迹般地消失了。当我患严重感冒时，在喝了中药后，感冒症状往往就消失了。

基于对身体及其工作原理完全不同的理念，针灸、按摩以及草药的出现，使中国发展出世界上最伟大的医学体系之一。通过不断试误和探索——随机应变和有选择地保留有效的东西，经过数千年在广大土地上进行的小型实验，中国人已经确定了许多重要的疗法和药物作用，其中许多药物是取自植物的。

直到最近，我们还很难对这些药物进行测试，以了解它们究竟是如何发挥作用的。但现在，当我们做测试时，我们发现它们确实很神奇。例如，青蒿是现代抗疟疾药物的原材料，青蒿素的广泛传播利用为中国赢得了诺贝尔奖。茶叶中的茶多酚，现在已知是世界上最伟大的药物之一，能治愈或缓解许多疾病。人参显然也非常有疗效。

西方已经发展出强大的医学体系。但毫无疑问，和其他领域一样，我们应该联合东西方的精华，降低整个人类的痛苦和折磨。中药，尤其是茶叶和青蒿，是世界上最伟大的医学发现之一。这两种植物的生物化学结构几乎完全相同，这不仅仅是一个巧合。

U

大学与书院 Universities and Academies / 310

城市化 Urbanisation / 313

大学与书院
Universities and Academies

我一直以为，如果我们把柏拉图和亚里士多德时代的早期希腊学院，以及存在于从公元前5世纪到公元12世纪的位于印度比哈尔邦的那烂陀寺（古代印度佛教最高学府和学术中心）排除在外，那么西方真正现存的最古老的大学大约起源于博洛尼亚大学（1088年）和牛津大学（1096年）。之后，又出现了巴黎大学、剑桥大学等。我以为，直到近几百年来大学制度才得以传播，17世纪首先传到美国，然后传到世界各地。现在的中国大学，如1893年成立的武汉大学，1898年的北京大学，或者1911年的清华大学，都只有一百年出头的历史。

最近我有机会参观了可以说是世界上最古老的"大学"（或准大学）——位于长沙的岳麓书院。它始建于公元976年，原是一个佛教研究中心，但几年后就变成了儒家学院。

绕着它走了一圈，我惊讶地发现它的建筑结构和功能与牛津大学或剑桥大学何其相似。有孔庙，有图书馆，有宿舍、餐厅，有教学室、讲堂、四合院，还有一个大花园可以供人休闲。学院的功能是教学，教授的内容主要是哲学、历史、文学和儒家经典；而在中世纪的西方大学，教授的学科应该是数学、医学、历史、法律、古典学和神学。

发现这一所现存的古代书院后，我才知道它是早期最著名的四所书院之一，后来在宋代兴盛起来，接待了许多著名的学者和佛教改革家。这四所书院是当时存在的一万多所此类学院中的一小部分。直到清朝最后几年，即19世纪末20世纪初，这些书院才改为培训学院。

这就提出了一个问题，为什么中国很早就有书院运动，比西方大学早了几百年，却从来没有发展成现在中国各地正在建设的那种大学。

第一个原因是，正如从17世纪开始在欧洲大陆不断发生的那样，学院在很大程度上依赖皇权。如果它们表现出独立或任何自由思想的迹象，就会被关闭或受到惩罚。再加上外国入侵和内战的周期性破坏，学院的实体会被摧毁，其成员会被杀或被驱散。如果能了解到这一点，我们就能更好地理解中国的情况。

如果牛津大学和剑桥大学被夷为平地三四次，图书馆被烧毁，教师被杀，不知道到20世纪初还能剩下多少。英国和平、法治的外在环境，以及英国大学高度独立于王权的属性，是东方的大学和西方的书院的最大差异。

第二个原因是成立书院和大学的目的是不同的。中国的书院很快就与中国的皇室教育体系联系在一起，而皇室教育体系的目的是培养官僚。书院是中国官僚体系的一个层次。它们的功能是培养行政人员，因此授学内容集中在与治理国家有关的艺术和人文科学——哲学、文学、诗歌、儒家经典。

书院的建立并不是为了教给人们通用技能，培养他们的批判能力，鼓励人们质疑或发现新事物，学习说服的艺术或协同工作的技巧。书院里的学生主要接受的是一种关于记忆力、辨别力和道德方面的训练。

英国的教育在设计之初就是为了培养可能从事多种职业的人。他们可能是律师、神职人员、商人、军官、庄园主、医生或教师。大学要为这些人提供实现目标的一套通用工具（技能）。它通过授课和指导阅读的综合教学方式来实现。学生被一个或多个老师收为学徒，老师会给他们指定读物，然后对他们的发现进行讨论。现代牛津大学和剑桥大学的导师制度，即每周有两三个学生与一位教师见面，就是由此而来。

英国大学的教学方法是具有辩证性或对抗性的。学生和老师会提出论点，试图抵抗和击败对方，就像打网球一样。教学是一种游戏，是为成年后作为律师、政治家或商人的对抗性"战斗"做准备。

因此，英国大学教授的内容可以说不如形式重要。随着新知识的传播，教学内容可以迅速改变。它可以吸收文艺复兴、宗教改革、科学革命、新技术以及随着大英帝国扩张到世界各地时所带来的知识冲击。它是动态的、灵活的、适应性强的。

这与中国的书院形成了鲜明的对比，中国书院的教学目的是受限的，教学内容主要是古代的真理，学生被教导要学会尊重、服从，以及敬畏权威和过去的真理。

这就意味着，在其设立后的900年里，岳麓书院和其他类似的书院不可能比设立之初规模更大、更有影响力。而西方的大学在不断地扩张，不断地创新，不断为自己寻找新的角色，不断地将周围的社会元素融入其中。

印刷术使英国大学发生了革命性的变化，但几乎没有改变儒家书院的面貌。东西方的差异越来越大，以至于中国现代大学几乎与其早期的书院没有什么直接的渊源，而是在很大程度上以西方大学为蓝本。

城市化
Urbanisation

最近来过中国的人，都会对中国城市的发展感到惊讶。几年前的小城镇，现在已经变成了大城市；小城市现在变成了超大城市。仅仅举一个例子，青岛市在21世纪从不到一百万人发展到一千多万人。在中国，超过一千万人的城市非常多，有的甚至超过两千万人。基本上，在一代人的时间里，中国经历了英国用了大约三代人的时间才实现的城市化——从乡村文明到城市文明。

2012年，中国的城市人口超过了农村人口。现在中国的城市人口比1960年的中国总人口还多。

这是世界上前所未有的转变——其他任何地方都没有如此迅速地建立起如此规模的城市。这显然在许多方面产生了巨大的影响——对污染、对资源的使用、对社会关系。这是一场城市化，每天都在改变着我们的生活。

当美国在19世纪后期和20世纪初期进行城市化时，一些社会学家推测，从生活在定居的农业社区——一个人（始终在同一片土地）出生、长大耕耘，到生活在巨大的城市中，这样的转变会产生什么样的后果。

有人认为，生活在一个由熟悉的人组成的小社区里，会给人们带来多层次的联系——亲戚、邻居、终生的朋友都住在附近。生活中大部分的约定是口头的，通过各种仪式和互动来表达。

当人们进入城市（尤其是那种与工作有关的迁移，这是中国城市发展的核心特征）时，他们与亲戚和童年朋友之间的联系被切断。他们是孤独的，是一个个孤立的劳动者，他们往往生活在相当封闭的条件下，生活在中国城市的一大特色——高楼大厦中。他们是陌生人眼中孤独的陌生人，在各方面都过着与父母、祖父母完全不同的生活节奏。

时间、私密性、持续的辛勤工作和很少的休息时间都是一种新的压力。景观是人造的，长期的人际交往在减少。这似乎是一个导致人们疏离的核心因素，是社会学家所预言的著名的反常或无根状态。

在这种翻天覆地的城市化进程中到底发生了什么，我们很难说清。然而我们知道，现在的中国基本上是一个"城市的世界"，其价值观念也是基于城市的而不是基于乡村的。"乡村中国"现在也是"城市中国"，印度、南美和非洲国家也在发生类似的变化。这种情况发生得非常快，比人类历史上任何一次大规模城市化的进程都要快。

鉴于此，我发现令人惊奇的是，过渡期似乎得到了很好的管理。总的来说，中国各地的城市——例如我们到访过的北京、青岛、深圳、天津、南京、昆明、成都、杭州、苏州、上海，尽管它们的高楼大厦让人陌生（对我们来说），但似乎当地人都能应付自如。这里有交通堵塞和空气污染问题。然而，这里也有许多树木、公园，人们在玩耍、打太极，甚至经常在炎热的夏夜跳舞。

人们都说喜欢这里的新设施和高楼大厦，这里明显没有脏乱差的情况。在这些城市中，我们很容易感觉似乎要经过一代人的时间才能发生这样巨大的变化。而这些巨变主要是在最近二十年发生的。与1996年我们第一次见到的中国相比，如今的中国我们几乎已经看不到当年的影子了。

现在大多数中国人都在都市里接受教育和成长，与1949—1978年的中国大不相同，更不用说与过去处于农业文明（持续了两千年）的中国相比了。一切都因此而改变，就像其他围绕在人们身边的、但我们并不经常想到的巨大转变一样。

V

庞大和完整 Vast and Integrated / 318

庞大和完整
Vast and Integrated

　　我是在一个中等规模的城市写下这节内容的。在我们去参观这个城市之前，我几乎没有听说过这个城市，它就是湖南省的长沙市。这是一个拥有约1000万人口的城市，比英国除伦敦外的任何一个城市都要大一倍，其所在省份的面积和人口都与英国相当。湖南的经济虽然不及其他比较富裕的省份，但也相当于一个东欧小国的经济体量。如果我们把这个数字乘以50倍或更多，我们就会对中国的庞大规模有所了解。

　　如果我问我的中国朋友到另一个城市远不远，他们会说不是很远——他们指的已经是伦敦到罗马的距离。飞机和高铁已经使这些旅程变得相对容易，但要想象过去走两三千英里路去做贸易或打仗是不容易的。曾经的中国路况很糟糕，山地也非常多，河流汹涌。读过那些探索长江上游地区或穿越丝绸之路的旅行者的故事，就能感受到其中的遥远和艰难。我们任何人（西方人）都确实很难理解这种巨大的地域规模和差异。对于来自英国这个高度同质化的小岛的我来说，更是难上加难。

从东北到西南，从西北到东南，直到纵横走过整个中国，我才逐渐意识到中国的规模。我们到过最偏远的地区，也到过中国的超大型城市，每一个地方都不一样，都很特别。

自罗马帝国崩溃以来，欧洲经历了无休止的战争。然而，自公元前221年秦始皇统一六国，中国大体上保持了统一的状态，而且确实不断地扩大和吸收了新的大片土地，这让人感到惊奇。

W

长城 The Great Wall / 322

治水与水利文明 Water Management and Hydraulic Civilisation / 324

西化 Westernization / 326

长城
The Great Wall

对于很多西方人来说，他们对中国的持久印象就是绵延在中国北方山区的长城，以及长城上的小炮台和烽火台。其实，我们今天看到的只是从公元前7世纪左右就开始修建的拥有几千年历史的长城的一部分；尤其著名的是秦始皇修建的长城。中国现在残存的城墙大多是明代修建的。

这些长城绵延近4000英里，其主体的跨度约为1500英里。

中国人几千年来修建长城的主要目的是阻挡边境上的游牧民族。修建长城并不是为了对付居住在南方森林里的少数民族，他们对中原王朝的威胁较小。

这些城墙告诉我们很多关于中国的事情。它们告诉我们它们所拥有的巨大财富和力量。为了建造长城，动用了巨大的人力。正是这种中国劳动人民的集体力量成就了这一非凡的古迹。中国人集体力量的巨大作用一直体现在中国交通基础设施的建设中，桥梁、隧道、高速铁路、机场、山顶上的一排排电力铁塔，令人叹为观止。它们几乎都是在过去30年内建成的。

一条六车道的高速公路，相当于一条从伦敦到耶路撒冷的公路，穿越喜马拉雅山脉，从北京到昆明，几年内就能以完美无缺的标准建成。连接香港、珠海和澳门的世界上最长的跨海大桥近几年刚刚开通。惊人的电力、广播和互联网连接网已经在中国建立起来，还有跨江的巨大水坝，包括世界上最大的水坝（长江三峡大坝）。同样，完成这一切所需要的财富、控制力和组织力是我无法想象的。

长城也展现了中国的防御、守卫的姿态。中国是"中央王朝"，需要的东西都有了，周围都是"蛮夷"。中国由此从对外扩张转为对内封闭。长城是阻挡、抵御掠夺者的标志。另一种选择——开放，在近代史上再次明显。

清朝试图将外来影响拒之门外，从1978年开始，改革开放使中国经济有了飞跃式的增长，中国持续对外开放。

这里不再有"城墙"，中国人也不再有局限于进行非凡的基础设施项目建设，中国的影响力现在正沿着公路、铁路和航道蔓延到整个欧亚大陆，甚至非洲和南美洲。

未来访问我们星球的游客，如果从外太空看到了中国长城——那里是为数不多的人造可见标志之一，就会发现，现在"长城"已经覆盖了整个世界。当中国的文化、美食、游客和通信传播到各大洲时，我们都以某种方式成了"中国人"。

治水与水利文明
Water Management and Hydraulic Civilisation

历史学家和人类学家提出了一种理论，来解释为什么某些围绕大河和灌溉农业发展起来的文明，即他们所说的水利文明，有一系列的特征，而这些特征是由这种文明背景形成的。经常被引用的例子是美索不达米亚、埃及和印度的某些古文明。中国就是一个明显的例子，三条大河，即珠江、长江和黄河，以及许多较小的河流，孕育了中华文明。

复杂的水利控制使发源于黄河沿线的中华文明开始转变，黄河的巨大洪水会造成巨大的破坏。一个显著的例子是四川省成都附近的都江堰控水灌溉系统。它最初是李冰父子于公元前256年为秦国修建的，利用长江最长的支流岷江的水，灌溉了面积相当于一个欧洲小国的四川大平原的大部分地区，目前仍被用于灌溉这一地区七千六百多平方千米的土地。与之对应的是中国各地现在正在修建的大型水坝，最著名的是三峡大坝。

为了进行大规模的水利工程，不仅要利用河流，而且还要利用庞大的运河网络和更多的小型渠道和灌溉沟渠浇灌稻田，必须有一个高度发达的、通常是中央集权的行政和政治结构。必须有一个权力机构，能够动员大量的劳动者，他们经常无偿工作以保护下游的其他人，而不只是他们自己。

因此，埃及的法老或中国的皇帝都是高度集权和专制政治制度的中枢，这并不是偶然的。按照亚当·斯密的说法，这些文明古国的政府履行了国家的主要职能之一，那就是建设和管理大型的基础设施项目，而这些项目是个人、乡村甚至省份所不能胜任的。中国的政府做到了这一点，而建造庞大的水利灌溉系统的运作模式在过去其他的大型基建工程中也有所体现，最著名的就是中国的长城和大运河。

不难想象，这套运作模式近来使许多不可思议的跨省，乃至全国性的基建工程得以顺利完工。从北到南、远至拉萨的非凡公路就是一个例子。铁路，特别是高铁网络是另一个例子，还有光鲜亮丽的机场和快速增长的航空线路。耗费巨资、由大型团队建造的超级望远镜、超级计算机、超级扫描仪的发展是第三个例子。深圳、青岛、成都、重庆等城市在十年内从几百万人口的城市发展成了千万甚至两千万以上人口的城市，其速度和效率都是大规模建设运作模式的成果。

西化
Westernization

在过去四千年的大部分时间里，虽然中国通过丝绸之路吸收了一些外来的思想，但它基本上是自给自足的。中国包含了它所需要的一切，是当时最先进的文明。当耶稣会士在17世纪后期开始把科学革命的一些初步成果带到中国时，这种情况开始发生变化。然而，在接下来的一个半世纪里，中国仍然是世界上最富有和最强大的国家，并且经常傲慢地拒绝了大多数西方知识，西方传教士与中国建立关系的尝试也失败了，例如，1792年马嘎尔尼带领的英国使团访华，欲与中国进行贸易，却以失败告终。

在经历了两次鸦片战争和太平天国运动之后，形势发生了变化，人们越来越认识到中国必须向西方学习。同样的情况也发生在日本，1868年明治维新后，日本从西方引进了许多思想和技术。

在日本，这种引进外来思想、制度和技术的做法使日本在一代人的时间里奇迹般地转变为工业社会。中国也对此表现出相当大的兴趣，在赫德等西方专家的帮助下对中国的关税制度进行了现代化改革，购买了西方的机器和武器，并翻译了许多西方书籍。然而，中国这个庞大帝国那时的进步远比日本缓慢。从19世纪90年代开始到20世纪20年代，中国虽然先后通过日本、美国和英国试图引进新思想，但抗日战争全面爆发后，除了某些城市的小部分地区外，情况并没有大的改变。

1978年以来，中国热切地吸收了许多西方的思想和技术。中国成功借鉴西方的速度令我惊讶。

然而，中国能在多大程度上吸收西方的思想，例如产权制、现代法律制度、开放的理念，而不破坏中国文明的精髓，仍然是一个有巨大争议和有意义的事。这是中国哲学家梁启超早就讨论过的问题，他看不到如油和水般的东西文明如何能够达到和谐。西方人目前也面临类似的问题，即在不失去西方传统的前提下，我们能在多大程度上成为"中国人"。

X

世外桃源 Xanadu / 330

世外桃源
Xanadu

柯勒律治所创作的一首美妙诗歌，让我在自己还是一个十岁左右孩子的时候，第一次燃起了对中国的憧憬。

忽必烈汗在上都曾

下令造一座堂皇的安乐殿堂：

这地方有圣河亚佛流奔，

穿过深不可测的洞门，

直流入不见阳光的海洋。

有方圆五英里肥沃的土壤，

四周给围上楼塔和城墙：

那里有花园，蜿蜒的溪河在其间闪耀，

园里树枝上鲜花盛开，一片芬芳；

这里有森林，跟山峦同样古老，

围住了洒满阳光的一块块青青草场。[1]

多年来，我似乎都不太可能目睹这番美景。直到1996年，我们在承德参观了清朝皇帝过去的宫殿和花园遗址。在一个冰天雪地的日子里，我们似乎在神奇的树丛中看到了闪闪发光的宫殿，并在几个重新翻修的建筑中走了一圈。然后，当我们参观故宫和许多令人惊叹的中国园林，特别是在南方城市（的园林）或者在杭州西湖边旅行时，我们又瞥见了那消失的美丽。

这首诗预示着战争的爆发和梦中宫殿的彻底毁灭，是对中国过去遭遇的准确再现。这里一次又一次地建造起了宏伟的宫殿和花园，相当不凡，几乎超越了西方的任何建筑。一次又一次，可怕的战争、叛乱、外族入侵、英法联军发动的第二次鸦片战争带来的破坏，以及抗日战争中日本人所造成的破坏，都让这一切归于尘埃。

中国也让人联想到雪莱的名诗《奥兹曼迪亚斯》（*Ozymandias*），这首诗同样可以用来反映中国的遭遇。

> 我曾遇一位行客来自遥远古国，
>
> 说道一不见了身躯，两条巨大石腿
>
> 矗立沙漠中……其附近，还半掩着，

---

[1] 选自《忽必烈汗》，屠岸译。——译者注

一张破碎的石像面孔。

他的蹙眉，皱裂嘴唇，颐指间的轻蔑与冷漠，

足见雕刻师参透了那位主人，

迄今留在石雕中的情欲、热望。

湮没了刻绘的手，心也化为灰烬，

在那基座上，隐约可见如下铭记：

"吾乃奥兹曼迪亚斯，万王之王，

看我的伟业，枭雄们呵，望尘莫及！"

此外荡然无存。

在这巨大废墟周遭，惟留下荒凉一片，且无边
无际。

这平沙落寞，伸向远方的寂寥……①

中国是一首长诗，它讲述了过去，或许也讲述了未来与
伟大。

---

① 选自雪莱的《奥兹曼迪亚斯》，张崇殷译。——译者注

Y

长江 Yangtze River / 334

阴阳 Yin and Yang / 336

长江
Yangtze River

　　我在印度待了五年，偶尔会去看一些大河，比如恒河，或者其他从青藏高原奔腾而下的河流。在接下来的25年里，我只见过约克郡和苏格兰的小河。同样，尼泊尔也有来自喜马拉雅山脉的河流；但只有到了中国，我才充分认识到河流的非凡力量和气魄。

　　这些中国的河流可能会使数百万人流离失所，淹没整个城市和文明；然而它们也会滋润整个省份的土壤，并运送大量的货物。我看到流入四川平原的大江大河，被两千多年前建造的巧妙的水坝和河道所分流；我看到了黄河和珠江——中华文明的发源地之一。然而，给我印象最深的还是气势磅礴的长江。

　　长江全长近四千英里，是亚洲最长、世界第三长的河流，也是中国最长的河流。长江从青藏高原而下，经由世界最富饶的地区之一的上海汇入海洋。它穿越过几条山脉，最令人印象深刻的是，它沿着重庆下游的三条长峡（指三峡，即瞿塘峡、巫峡和西陵峡三段峡谷）顺流而下数千英尺，再到达宜昌和武昌一带的平原。2003年我前往长江上游时，正值长江三峡大坝建设的最后阶段。后来，2007年时我们从重庆顺江而下，当时大坝已经完工。

巨大的船闸被抬上几百英尺的高度，看着令人惊叹的水流沿悬崖峭壁翻卷而过，这一幕幕令人敬畏。峰峦间还能看到些小小的痕迹——又高又险的行路，纤夫便是沿着这些行道，顶着湍急的水流起锚。

2005年，我们又一次前往长江上游，向着长江的源头进发，与我们同行的是一个电影摄制组，他们的任务是再现伊莎贝拉·伯德（Isabella Bird）在1897年的非凡旅行，这段旅程在她的作品《跨越长江流域》（*The Yangtze Valley and Beyond*）中有过描述。我们看到了一些神秘的古塔，以及伯德最终认为她找到的曾有高加索人生活痕迹的地方。所有这些经历都让我们感受到了中国河流的雄伟，以及它们如何塑造了中国的历史。

阴阳
Yin and Yang

在成长的过程中，我并没有意识到作为英国文明的一员，我是在一个基于二元对立的世界中长大的，就像数字计算机的0和1一样。是男人还是女人，是被拯救还是被诅咒，是有罪还是无辜，是勇敢还是懦弱，是真诚还是说谎，是保守党还是工党……一些都是二元对立的。黑就是黑，白就是白，天在上，地在下。这是政治制度、法律、经济、宗教等方面具有对抗性的制度的基础。

我也没有意识到，西方文明并没有把各种相互对立的东西看作能够以某种方式联系在一起的有机体。换句话说，在我所受的教育中，很少有人提出，男和女等同于白天和黑夜，等同于白和黑，等同于右和左，这些都是互不相干的问题。尽管英语中"险恶"一词出自拉丁语中的"左"，但这种潜在的关联只是偶尔出现。罗马文明中也有这些关联的因素。

让我印象深刻的是，道教"阴阳"的基本思想挑战了这两个假设，并表明它们并不普遍。它也是一个迷人的概念体系，因为它是如此古老。在《易经》和最早的一批道家著作中发现的基本哲学可以追溯到五千多年前，但这种思想完好无损地保存到今天。它是一种非常古老的宇宙学，与世界上任何一种宇宙学都不一样。然而，虽然它很古老，而且就像象形文字一样，保存得很好，但它出奇地具有现代感和时代感。

就二元对立而言，我一开始没有注意到，阴阳符号的要义在于每个符号中都包含另一个符号的某些元素。

在代表女性、黑色的"阴"中，有一圈代表男性、白色的"阳"，就在其中心或核心，反之亦然。每一特性也有其反面，并可能变化为另一特性。夜含昼，左含右。每一种特性都在不断让位，并转化为另一种特性。这其实和现代量子物理学的不稳定性非常接近，现代量子物理学也是基于同样的理念，每个元素都包含着它的反面。所以阴阳是一种量子哲学，有几千年的历史。

由于来自完全不同的背景，我用了很久才完全掌握（阴阳）第二个方面——结构主义思想，即所有的对立面都是相互关联的。我曾在结构人类学家，如克劳德·列维-斯特劳斯（Claude Lévi-Strauss）和埃德蒙·利奇（Edmund Leach）的著作中读到过这一点，但在研究中国之前，我从未真正体验过它。

在这样的体系中，你有一组相互联系的对立面，是这样：

阴	阳
女性	男性
月亮	太阳
冬天	夏天
左边	右边
冷的	热的
空缺	充盈
黑暗	明亮
柔软	坚硬
光滑	粗糙
湿润	干燥
虚弱	强大
静止	移动
自然	文化
顺从	不屈

这个系统的强大之处在于，当你在诗歌、小说甚至谈话中想起这些术语中任何一个的时候，它都伴随着许多的联想。谈论夜晚就是谈论所有与之相关的联想，谈论女人或男人亦是如此，隐喻和比喻比比皆是。这极大地丰富了思想，但也使人们很难转变态度，因为改变对其中一种关系的评价，例如男女关系，就会对所有其他关系产生影响。

Z

禅宗与佛教 Zen–Chan (Chinese) Buddhism / 340

禅宗与佛教
Zen-Chan (Chinese) Buddhism

多年来，我一直对佛教的印象很模糊。我母亲在晚年成了一位佛教徒，我们曾谈论过佛教。我读过一些关于佛教的人类学经典著作，特别是在斯里兰卡和泰国。我曾在剑桥大学指导过一位佛教高僧攻读学位。在尼泊尔，我在加德满都看到了巨大的佛塔，并在一个山村里看到过喇嘛们在做佛教仪式。在日本，我看到了京都美妙的寺庙和禅院。

佛教典籍最早是在公元2世纪经东南亚和内亚传到中国的。这些著作不仅涉及伦理和教条，还涉及佛教的实践，特别是佛教组织，包括僧团组织。

传入中国时，佛教在印度已经出现了分裂。有较老、保守的南传佛教分支和较新、较灵活的大乘佛教分支。大乘佛教主要传入中国，当它遇到其他哲学体系时会进行调整和改变。它适应了不同的哲学生态和社会条件，这是它的优势，因为当它被传到中国时，它遇到了几个严重的障碍，必须克服这些障碍。

其中一是中国传统中强大的宗族制度，这种制度建立在父权制的基础上，并与儒家对父母的尊重相结合，意味着家庭是首要忠诚的对象。这就意味着，在东南亚等地较为灵活的家庭制度中的僧侣制度（后代既可以继承父系的血统也可以继承母系的血统），在中国是行不通的。在那些地区，部分或所有的孩子都可以离开家成为全职僧侣。在中国，这是完全违背传统的，因为孝敬父母和对家庭的责任非常重要。在中国，孩子与父母、家庭紧密相连，在这种情况下，全时修道更为困难。

中国佛教徒所达成的折中方案，则是可以成为居士或非僧侣的佛教徒，也不一定要发愿终生住在寺院里。"俗家弟子"是可以接受的，也是很普遍的。这种情况在中国（和日本）佛教中一直延续到今天。

其二是关于佛教的经费问题。印度和东南亚的出家僧人有外出寺院求外人施舍或馈赠的传统，但这并不适合中国。在中国的环境中，对僧人的布施是一种功德行为。礼物被僧人转化为祈祷，僧人在精神生活方面为普通人提供了"服务"，并因此获得了报酬。

然而这种"化缘"观念与中国传统是相悖的，中国的传统观念中没有值得称赞的乞讨。家庭负责赡养老人或病人，或者像我最近在关于宋朝的记载中发现的，地方官员会设立面向老弱病残的收容场所。中国文化里没有直接向乞讨的陌生人施舍的习惯，不论是在世俗传统还是在宗教传统中；然而这样的传统在早于佛教出现的印度教中已经出现。

僧侣缺少一种主要收入来源，这就意味着寺院需要另一种资金来源。与中国许多其他地方做法一样，答案就是让国家来负责。寺院乃至佛教都是由国家资助的。

在形势好的时候，这很有利于佛教的发展。寺院和其他佛教组织得到了可耕作的土地、可出租的土地以及其他形式的财富。这也意味着，佛教组织财富和权力的迅速增长。

佛教在中国发展的最关键的时期是在唐朝。那时佛教繁荣兴盛，发展得非常强大，几乎影响了全国。

在中国，佛教和道教是不可能分开的，在这个混合体中，儒家的巨大影响也为其增添了新的色彩。

尾　声

7. 独特的文明

　　将中国人的"整体画像"拆成一个个独立的碎片，就像上面的A-Z一样，可以让我们学到很多东西。然而，一个国家的整体面貌远不是将各个"碎片"拼凑起来就能呈现的，而且这种"拆分后重组"的方法中可能会使国家的全貌被隐藏起来。中国的情况尤其如此，因为现在我似乎清楚地看到，中国的深层结构与我作为历史学家和人类学家多年来所遇到的任何其他国家都不同。

　　在这篇总结性的综述中，我将试着对这个非凡文明基本而持久的本质或深层结构的几个方面做一些初步猜测。对于一个来自国外、不会说也不会写中文的人来说，这只是一些猜测。我之所以在这里做一番综述，只是因为它可能会帮助其他人把正文主要部分所概述的一些中国人的特征结合到一起，从而跨越社会和文化差异，使人们对中国有更深层次的理解。

权力

这一部分我分别从官僚制度、国家系统两方面论述。

官僚制度

当我研究这个非凡的融合型文明的后来发展时，我对它如何以及何时开始形成如今中国的雏形感到困惑。我知道，至少在秦始皇之前的三四千年中国就产生了伟大的文明；从黄河边蔓延开来，并在大约公元前475年至公元前221年的战国时期达到顶峰。

孔子、孟子和老子在春秋战国时期，奠定了他们的哲学思想，但在当时的背景下，他们的思想还处于边缘化阶段。他们的思想受制于当时的政治组织形式，我们可以称之为"封建"。在这个意义上，当时的中国类似于中世纪的日本或中世纪的西方。

在这种制度下，统治者通过将权力下放给拥有各自封地的贵族家族，以此来维系国家的团结。他们把家产一代一代地传给后代，儒家任人唯贤的选拔体系在这里没有真正的作用，儒家强调忠诚与和谐的平和哲学也无关紧要。

其中，以中国西部为统治中心的国家秦国，在公元前4世纪开始发展出了一种全新的政府制度。这在很大程度上与商鞅（公元前390—前338年）的改革派思想有关。他是秦孝公的丞相，也是后来被称为法家哲学体系的奠基人之一。

秦国的改革摧毁了以贵族家庭为核心的封建制度，代之以任人唯贤的官僚制度。从此以后，国家的最高职位对所有人开放，以功绩而非血缘为基础。这也最大限度地削弱了地主的作用，使中国成为一个只有中小农民阶层而没有贵族绅士阶层的国家。

这一巨大变革的影响，与其他在税收、行政管理和军事效率方面的深刻改革（使用最新武器、骑兵和更好的运输方式）结合起来，使秦国的经济和军事力量不断增长。其结果是，公元前221年，秦国的实力强大到足以打败其他所有国家，秦始皇统一了中国，成为中国第一位皇帝。

在位期间，秦始皇为我们今天所熟知的中国树立了一个样板。他将全国划分为36个郡，建立了覆盖整个国家的标准化文字系统（以象形文字系统为基础）。他统一了度量衡和货币。他修建了许多道路和桥梁。他执行了商鞅的政策，即国家中的任何个人，无论多么强大，都不应凌驾于法律之上。他赞同法家的观点，认为国家中唯一重要的人是官员和农民，那些从事其他职业的人，特别是商人和贸易者，是低等的且不值得信任的——这一特点有助于解释中国历史上缺乏真正的中等收入阶层的原因。

在这样的背景下，孔子所提倡的建立在个人关系基础上的制度以及通过书面考试选拔政府精英的方法才有意义。于是，中国成为第一个伟大的"官僚文明"，以文字、法律、官僚和教育为纽带维系在一起，但基本上只有两个重要群体，即文官和农民。

中国的第一次统一没有维持多少年。尽管后来秦始皇去世了，这个统治模式却留了下来。在秦始皇去世的几年后，汉朝再次统一了中国，而后汉朝存续了四百多年。

汉朝时期，秦朝的革命被放大了，但随着法家思想的失宠，孔子和老子的思想得到了推崇，秦朝的革命变得成熟了。然而，一个前所未有的政治和思想转型已经实现，它是帮助我们理解今天中国的一张蓝图。

自秦汉以来，教育一直是中华文明的核心，它是代代相传的基本读写技能，为的是传承道德伦理准则。这种教育本身就与西方所认为的"教育"不同，它的核心是用心熟读经典，掌握儒家伦理体系，学习处理政务的艺术——忠诚、记忆力、辨别是非的能力、做出公平的裁决。以家庭地位和考试成绩为核心的人才选拔制度取代了旧式的贵族制度。

因此，中国成为地球上唯一一个由精英体制维系的古老文明，在这种体制下，任何人都有可以凭借自身智力上升到权力体系内的最高层。日本和印欧体系的主要支柱——拥有土地的贵族阶级已经不复存在。

突然之间，一个人能否得到晋升，评判标准不再是狩猎和战斗方面的能力，而是写作、绘画、阅读、音乐和思考方面的能力。这种文明以心智和智慧为核心，在数千年的时间里，通过真善美的理念将数以百万计的人团结在一起。文字成为统一的象征，成为君子是文人对自己的最高要求。

当我们现在看中国的时候，我们需要记住这个"原点"。当时，地球上的一种文明果断地采用了一种全新的体制——一种基于官僚的、中央集权的、任人唯贤的、标准化的、统一的制度。它能够一个世纪又一个世纪地把亿万人民团结在一起，无论他们遭受怎样的冲击。

尽管近代中国发生了大规模的动乱，但从本质上讲，这种古老的制度如今仍然在很大程度上支撑着今天的中国。如果我们想了解当今中国的优势和弱点，就必须考虑到这一古老但仍然存在的制度遗产。

当时的官吏和他们的继任者都被要求做到公正无私，因此他们不断被调动，离开他们的家乡。他们主要的收入不是政府发放的薪俸，而是利用他们的职权为自己谋取的利益。这些官员是全能型的——负责生活的各个方面，从司法和战争领域，到管理水资源和农业领域。他们要对上级负责，不断发送报告。

这种严格分层的官僚体系在很多方面对中国都有好处，它通过一小群训练有素的官员，以相对和平的方式把数量庞大而有差异的人民团结在一起，这让我想起了19世纪印度的公务员制度。它给了所有中国人通过考试从社会底层走向社会顶层的机会。它催生了一个成熟的统治阶级——不以出身或财富为进入仕途的"敲门砖"。他们喜欢诗歌、园林和音乐，他们优雅、有教养而且受过高等教育。

然而，它也有其消极的一面。这个体系必然是保守的——与其尝试新的东西不如走老路，践行着传统中古老而深刻的准则。这也是这个体系保守的原因，因为即使是最小的决定，通常也要经过层层上报审批。因此，它使行政程序变得异常烦琐，使人们不具备冒险精神。

国家系统

我从小就被教导要尊重英国王室，对王室的尊重是有限度的。我从漫长的英国历史课程中了解到，从1215年《大宪章》和17世纪查理一世被斩首，王室都是受法律约束的。我知道君主是受到制约的，虽然地位显赫但与所有国民是平等的。我还了解到，与法国和西班牙的君主不同，英国君主并没有不受制约的神圣统治权。

的确，在中世纪长达一百多年的时间里，国王有时会施展"魔力"，比如通过触摸疗法治疗疾病[①]。然而，国王是一个人，有着其他人都会有的弱点，他只是一个来自特殊家庭的人，他被赋予了某些权利，同时也肩负着责任。这个体系由许多权力支柱组成——法律、教会、军队、行政区、自耕农、资产阶级、商人、制造商、大学。这些支柱支撑着"屋

---

① 在中世纪，国王被人们认为拥有某种超自然的力量，可以通过"触摸"的方式医治疾病。——编者注

顶"，互相缠绕在一起。剑桥大学国王学院教堂屋顶上的玫瑰花是王室的象征。然而没有这些"支柱"，"玫瑰花"什么都不是。

我第一次接触东方的国家体系是在日本，但这并没有极大颠覆我对政治权力如何分配的既定认知。许多世纪以来，日本天皇在他的宫殿里只是一个象征性的、仪式性的首脑。统治日本的是军事领袖，即幕府将军。"德川幕府"就是以德川家族的名字命名的。真正的"帝王体制"，只有在1868年的明治维新中才真正开始实行，这个体制中只有一位最高首脑，该体制只持续到1945年；当人们试图将神权和世俗权力合为一体时，这个体制显然就失败了。

在中国，当我被带着在北京的皇家宫殿转了一圈，或阅读有关历代统治者的故事时，包括康熙帝、乾隆帝令人惊叹的事业，甚至是慈禧太后，我才意识到帝王制度的全部威力。皇帝不仅仅是一个人，还是一个坐在龙椅上的半神统治者，接受上天的直接命令或授权。

中国的皇室没有很多"支柱"，只有一个"单一支柱"，即数百万个家庭直接对皇帝效忠。皇帝利用他的顾问和代表——官吏，来行使他的权力。他拥有一切权力和权威，他的话就是法律。没有权力制衡的力量，没有能与皇权抗衡的力量，没有独立或半独立的教会、城市、贵族、农民。皇帝就是太阳，可以有一些小星星，但它们不能控制太阳。

　　这是理论上中国古代权力体系的运作模式，不过在实践中自然要复杂得多。皇帝的身边有宦官（充当"顾问"），有将军，有谋臣和善用阴谋诡计的亲戚。他经常被千千万万个阴谋和巨大的压力所包围。然而，这一切都是个人化的、在"密室中"针锋相对的斗争。

　　针对皇权的一个重要的制约因素就是天命论。当时的人们怎么知道皇帝是否能得到上天的信任呢？只有靠外在的征兆。如果生活变得很糟糕，有洪水、饥荒、入侵、法律和秩序的崩溃，很显然，这意味着皇帝的天命已经被收回。在这种情况下，这个帝位就有理由换成别人——第一个成功夺取皇位的人。

　　这种"单一支柱"、以毫无争议的"公意"或"人民的意志"为基础的制度，自公元前221年秦始皇统一六国，在中国持续了十几个世纪，断断续续，很难摆脱。

　　然而，有意思的是，现在甚至美国人也突然意识到其总统的权力与英国首相、法国总统或德国总理的权力完全不同。从英国人的角度看，美国总统目前透露出的是一种近乎帝国主义的立场，伴随着所谓的与之相抗衡的力量，民选代表、法律制度、新闻界，更不用说教会和公民社会，都被总统的"绝对命令"一扫而光。

社会

对于中国的社会，我也将从如下几个方面进行概述。

家庭、儒家思想和权力

我是在一个亲密的小家庭中长大的。对我来说，唯一重要的人就是我的核心家庭成员：父母、姐妹、祖父母和外祖父母，以及我的叔叔阿姨。表亲关系可能也很近，但仅此而已。我的家庭具有情感和保护方面的功能，但也仅此而已。当我长大成人后，特别是在我的祖父母去世后，我与堂兄弟姐妹、叔叔阿姨的联系逐渐变淡，只剩下我和我的新家庭，我的妻子、子女和孙子。这样的家庭范围很窄，功能也很局限。

我的家庭只对我进行了部分教育。当我五岁上学时，我的老师和学校的朋友不仅成了我知识的来源，而且在很大程度上也成了我的道德和社会方面的导师。我与家庭成员的经济联系仅限于我的父母和孩子。我没有在任何家族企业工作过，我并不指望从我最亲密的家人以外的亲戚那里得到真正的经济方面的帮助，例如教育资助或遇到危机时的钱财援助。我不知道也不太关心我家人的政治或宗教观点，一旦我长大后，如果我的任何亲戚试图支配我在这些问题上的观点或行动，我都会感到震惊。我自己选择了自己的妻子，选择了自己的工作。我母亲守寡时，我帮过她，但我知道自己的重要性微乎其微。

换句话说，我的家庭和家庭体系并没有为我的生活提供根基，提供最终的组织原则。

在尼泊尔的经历向我展示了家庭在大多数社会中的力量，家庭是很多人一生大部分工作的基础，这段经历为我与中国的接触做了铺垫。如今，在中国，家庭的影响力已经被最近的经济和社会变化大大削弱。然而，在今天的中国，家庭仍然几乎比任何事情都重要，尤其是与西方社会相比。

中国的父母仍然认为他们有权利和义务在道德上教育他们的子女，对子女的爱情生活和婚姻有发言权。子女仍然感到照顾年迈的父母是一种重大的责任。更广泛的亲属关系也会对个人的成功有促进作用。我很快发现，我的一些年轻的中国朋友和学生，如果在出国留学或找工作的时候需要实质性帮助，会求助于他们的阿姨、叔叔、堂兄弟姐妹和其他人。他们仍然希望参加各种各样的家庭活动，包括婚礼、葬礼，以及在春节和中秋节与亲戚团聚。

我们现在所看到的是一种比存在了两千多年的盎格鲁-撒克逊文化的生命力强大得多的精神遗产。中国人通过父亲血缘来追溯他们的血统，所以他们可以组成许多有姓氏的宗族。这些姓氏通常很普遍——王、严、肖、李等姓氏背后包含了数百万个人。只有那些可以往上追溯5代人有共同祖先的人群才可被归为同一宗族。这意味着你可能与数以百计的人有亲戚关系。如果你要收养一个人，那对方一定要是同一个宗族的人；如果你要结婚，那对方必须是宗族之外的人，以防止出现近亲结婚，乱伦。

在过去，整个村庄往往只被一个宗族占据。我们去过这样的村庄，它们有巨大的大厅，房间像是一个个蜂巢一样。在那里，远亲近亲都住在一起，拜同一个祖先，一起在家族的土地上劳作，一起庆祝，也一起受苦。

这些宗族团体被国家当作一个实体对待。如果一名成员通过了儒家考试，整个群体都可以分享这种荣誉；如果一个成员被指控犯有严重罪行，那么所有成员都将连坐受到惩罚，整个村庄的氏族将被惩罚，他们的房屋和土地也将被没收。每一个宗族社群都是一个迷你王国，在这里，最德高望重的人是族长，是"统治者"。他们说什么就做什么，他们是宗族事务的裁决人、经济主管，也是全族人的精神领袖。

宗族制度的强度随时间和空间的变化而变化。在中国南方，氏族势力更大，并向外扩张。如前所述，他们现在的影响力远不如以前那样强大。然而，一个最终建立在出身、血缘和婚姻纽带上的文明（中国）与建立在个人、国家和市场基础上的文明（我的祖国英国）之间存在本质上的差异。

*

对于熟悉西方小型民族国家历史的人来说，整个中国的结构令人费解。一个幅员辽阔的国家由几十万官僚统治着，没有庞大的警察部队或军队，也没有资产阶级和教会的支持，这样宏大的国家如何来维持秩序，如何在多数时间里保持相对和平与稳定的秩序？两千多年来它是如何做到这一点的呢？

也许我们可以用儒家思想来解释这一点。儒家伦理的核心是人与人之间的责任和义务。它是一种基于两人之间关系的伦理秩序，一种社会和政治维度的二元或双边联系。

这种关系本质上是父母和孩子之间的纽带关系，尤其是父亲和儿子之间的纽带关系，这是最基本的构建模块。父亲的权力几乎是绝对的。从理论上讲，他不会对他的孩子做任何错事，而且有权随意决定孩子的生死，孩子也没有"上诉"的权利。孩子需要服从和忠诚，父亲需要保护和抚养。这种联系不能被打破，也不能被挑战。这种联系随后以各种方式向外扩展。

其中一个是世代相传的方向。上一代人都应该受到年轻人的尊重，这显然适用于师生关系，老师是值得尊敬和服从的；这一原则也适用于家庭中年长与年幼的人之间的关系——哥哥对弟弟有影响力。

实际上，这意味着家庭变成了整个世界。子女是宗族经济单位的一部分——由最年长的近亲（族长）管理。子女是宗族仪式单位的一部分，只有通过年长的亲戚才能接触到死去的祖先和其他无形的力量；子女是政治单位的一部分——最年长的亲戚代表皇帝；子女显然也是社会单位的一部分，这个社会单位安排子女的教育、婚姻与社会交往。

因此，古代中国的数百万家庭基本是自治的，既有由祖父母、父母和子女组成的亲密家庭，也有更大规模的以父系血统为基础的强大宗族体系。这些宗族是宗教、经济、政治和社会的自治单位。

孔子对先哲智慧进行了整合，他通过强调家族内部的服从和统治关系，与朝廷和臣民之间关系的相似性，将这种超越亲属关系的思想融入一般的政治体系。皇帝是维系整个制度体系的"父亲"，一个人对待父亲的方式，就是他对待皇帝的方式。因此，皇帝不必将权力下放给封建的、武装的贵族，把土地作为报酬；而是将权力下放给户主，如果户主的子女以任何方式挑战户主，皇帝会支持户主。

一方面统治者对广大农民生产者具有崇高敬意，另一方面儒家教育制度允许一个非常聪明的平民子弟通过教育升至有钱有势的地位，这就相当于给大家提供了一种"全民彩票机制"，为所有家庭带来了希望和机会。此外，这一制度还由那些考试成绩优异的人来管理，他们成了皇帝的"公务员"。

这样必然会产生一些矛盾与紧张关系。一个矛盾是，父亲的权力相当大，导致儿子较难与之亲近，也未必对他有任何感情。另一个矛盾是，妻子处于丈夫的控制下，但她也与自己的娘家有着密切联系，因此夫妻之间存在着一场隐秘的"战争"。还有一个棘手的问题，那就是对父亲的忠诚和对皇帝的忠诚之间存在潜在的冲突。

最后一个严重的矛盾点在于，皇帝是否会做错事。不管他命令下属做什么，都要服从吗？这里又有一个众所周知的解决方案，皇帝的权力来自"天命"，而"天命"是可以被撤销的。撤销的原因和标志往往是长期的灾难、饥荒、战争、疾病，这意味着人们可以转而效忠别人。即使是皇帝的忠实追随者、官吏们，也有责任反对皇帝，如果他们觉得有足够的证据表明皇帝已经失去了上天的"授权"。

个人主义与集体主义

回顾过往，现在我知道婴儿期、儿童期和青春期的我都在朝着一个自主、独立、强大的个体发展。这一持续的过程把我和我的原生家庭（尤其是我的父母）分离开来，开始进入社会中和陌生人构建新的关系。父母对我的首要责任是使我成为和所有其他人一样平等的个体，我能够自由选择自己的路，如政治立场、经济生活、信仰和社交等。

从我还是个婴儿的时候，我就自己睡在单独的婴儿床上，后来有了自己的游戏区域（围栏围起来的部分）和玩具，父母对待我的方式和对待我其他姐姐妹妹的方式都不一样。从8岁第一次读寄宿学校，置身于陌生人中，我便开始学习自立，个体发展得到进一步加强。这个过程一直贯穿于我的青少年时代，我可以支配自己的空间、选择自己的爱好、控制自己的花销。我的学校和家庭生活都强调了一点：

我正在成为社会的一员，与家庭成员的紧密连接正在松动。

我的体内蕴含着过上成功生活的一切本质力量。大学是进入社会前暂时的庇护地，在大学学习期间，我取得了博士学位，然后结婚，和我的太太一起组建了新的社会单元。

这种极其个人主义的生活在我看来是理所当然的，而当我去往喜马拉雅的一个山村工作时，发现那里完全没有"个人"，只有对家人和邻居的忠诚与责任，并由此构成一个个团体，我的内心受到了极大的冲击，这时我才意识到自己的成长经历和观念和别人是多么不同。

在这个村庄，母亲们不会被视为独立的个体，被人称呼姓名，而是依照与他人的关系被称为"某某的母亲"。这里的人们并不叫孩子的名字，而是按他们出生的顺序，喊他们大儿子、二儿子、三儿子（或女儿）。在这里，人们生命中所有重要的事情都是由他们的集体决定的，从拥有的财富、做的工作到宗教生活、哀悼活动，一直到政治联盟和休闲时光。集体是社会的基本单位，个体则像挂在树上的一片树叶。没有大树，树叶无法存在。

这种对比带来的震撼使我开始思考，西方个人主义从何而来、何时而起，所以我早期的著作中就有一本以此为主题，名为《英国个人主义的起源》。我发现，英国人在欧洲是特别的存在，这种不同寻常并不是由宗教改革或工业革命引起的，而是距今至少800年前，早在中世纪英国就已经普遍存在的。

　　如今我以两种文明作为模型来思考这个问题，而当我开始了解中国，立刻意识到中国和我曾工作过的尼泊尔村子在这方面非常相似。从各方面来说，中国曾经是，且目前仍然大部分属于集体主义文明。这不是说中国人到哪里都是成群结队、从不落单，而是说当中国人考虑问题时，他们首先想到的是他们属于的那个群体，然后才是个人的需要、欲望和权利。

　　这种群体文化在1949年之前的2000多年前更加显著。那时的中国处于宗族统治下，没有人可以不顾及自己的家族而进行个人的经济、政治或宗教生活。在那个时期的中国，个人没有权利摆脱对家族的责任。例如，财产属于家族而不是个人。人们通过家族仪式，特别是祖先流传下来的传统，获得精神福祉。儒家道德将与父母、兄弟姐妹之间的关系作为个体最大的责任，这进一步巩固了家族体系的存在。

　　在过去的40年中，中国人在拥有个人财产、婚姻自主，以及职业选择上的自由度越来越高。尽管感觉到了这些现象背后的个人主义倾向，但是我知道中国社会的深层结构与其他地方仍然是完全不同的。

　　在和中国朋友聊天、经过仔细观察后，我发现他们的所有行为和想法都隐隐受到集体意识，尤其是家庭所带来的影响——承担了较大的责任和压力。中国社会并不存在我所经历的社会化过程中的系统性分离机制。中国归根到底仍然是一个以集体为依托的社会，而不是个人主义社会。

社会连接

社会学中有两种不同的社会连接方式，两者之间有着显著的差别。其中一种是由涂尔干提出，他将社会之间的连接方式描述为"有机团结"，意思是社会像一个活的生命体或者有机物，由头部、躯体、胳膊和腿部组成，每一部分发挥其作用，使国家得以运转。

我成长的印欧语系世界是按照劳动分工进行社会职能划分的。印度的种姓制度和西欧的封建制度都将社会划分为四个主要群体，头部（婆罗门和神职人员）、胳膊（国王、贵族和战士）、腿部（商贩、大商人、市民和财富制造者）以及巨大的身躯（农村劳工或农民）。

我认为现代化和工业文明取决于这样的劳动分工体制。在历史上，我所在的英国由于各阶层内部高度分化，社会结构得到了调整——比如不存在大量的农民阶层，贵族由一小部分非血缘贵族和重要的社会上流人士取代，但从广义范围来说，大致是符合各社会阶层特征的。曾经去日本时，我发现日本的社会阶层也有调整——日本没有神职人员群体，但是它的资产阶级（"士农工商"中的"商"）被分为了大商人和商贩两个阶层。

首先，在过去的中国，农民的社会地位似乎比商贩和大商人高，这个阶层顺序在欧洲是相反的，与日本社会阶层排序相似。我认为中国属于世界上有机阶层划分制度的国家之一，尽管它的社会阶层划分包括了知识分子，这和日本不同，但与印欧语系国家一致。在中国，士是受过精英教育的统治阶层，而非执御剑者（如日本社会阶层中的武士或者大名）。

这是很奇怪的，但随着我对中国人有了更深刻的了解后，我将目光转向了涂尔干提出的另一种社会组织形式，他称之为"机械团结"，一个令人困惑的名称。

在对澳大利亚原住民这种非常简单的社会形式进行研究时，涂尔干的重点放在其宗教和社会方面，"机械团结"就是在这过程中发现的。他发现原住民群体没有按照劳动分工进行社会职能划分，在这些小群体里，每个人多多少少参与到所有事情当中。社会由相同的部分和个体构成，每个部分及其中的个体都是社会的缩影，能完成社会各项工作。每个小部分通过一对一的人际关系与其他部分相联系。比如，通过最简单的二元关系，孩子在家庭中和他的父母、祖父母、叔伯、堂（表）兄弟姐妹联系在一起。

涂尔干将"机械团结"比作一条蚯蚓，身体的每一节都一样，节节相连构成整体。我小时候曾经用蚯蚓钓过鳟鱼，我知道蚯蚓的身体可以断开，然后它会变成两条蚯蚓，头或者脚都还存在；它的身体可以无限再生，基本上无坚不摧。

中国儒家学说的深层结构将国家视为万事万物——关联的整体。了解这一点后，我开始意识到中国是一个基于"机械团结"的文明国度。中国的孩子与他们的父母相联系，再通过父母与其他人相联系，通过这样的一对一关联链，他们可以与君主产生联系。这就是"机械团结"，这种一对一关联不是天然存在的，而是以人为的"关系"纽带为补充，正如我在书中别处所述。

这就意味着，想要了解中国人，你要明白从过去到今天，中国仍然没有种姓、阶级或其他用于社会职能划分的机制。唯一的划分方法是将整个社会分为少数执政文人阶层和其他所有人构成的阶层。而商贩、大商人和农民在日常生活中的差别并不涉及身份的不同，他们承担着自己角色，在各项工作中奔波，普通大众中的个体可以通过教育扶梯向上提升阶层。

中国与印欧语系国家和日本的社会模式都不相同，却和澳大利亚狩猎采集部落一样，沿用了古老的社会构成模式，正如她依然保留了古老的象形文字。理解了这一点就突然能够想明白之前的一些谜题了。

第一，这个庞大的国家如何在两千多年来经历了那么多动荡却没有分崩离析。中国曾经被分割和践踏，却又非常强大地恢复过来。正是家庭和人与人之间的关系所产生的巨大力量推动了国家向前发展。外部势力可以对中国发动战争，终结王朝的统治，却不能摧毁这个国家。

第二，中国如何开疆拓土。汉族是一个几千年前发源于中国中部黄河沿岸的较小族群，通过迁移和婚姻，他们走出自己的区域，把周围的民族纳入以汉族为主体的共同体中。

蚯蚓不断生长，长出新的身体部分。其中大多数结构的大小变化并没有受到限制，通过规模化增长，不断变大的结构也不会出现力量损失的问题。就像牛津或是剑桥大学可以新成立一些大小适中的学院一样，每个学院保持几百学生的较小规模，这样大学整体的独特性并不会丧失。

结构文明

一般来说，我们可以将人类历史上的文明分为两大类：个人主义文明和结构文明。个人主义文明最好的例子有美国和前大英帝国，这种文明体系基于独立的社会单元和个人，通过"契约"关系联系在一起。契约的意思是，社会中大多数重要关系是自愿形成并带有一定目的，有的是一对一，有的是一对多。这种行为正如亨利·梅因（Henry Maine）在其著名论断中所说，"所有进步社会的运动，到目前为止，是'从身份到契约'的运动"。

这里的"身份"是指与生俱来、基于血缘关系的身份，如家族、种姓或是不可更改的社会阶层，是在任何情况下都不会改变的身份。纵观历史，这样的身份关系主导了多数文明的进程，比如从部落文明到农耕文明直到如今，印度是依靠其种姓制度发展起来的。而欧洲西北地区是个例外，大概就是在新教开始占据主导的时期，基于"契约"的组织出现了。

结构文明基于与生俱来的关系产生，人类学分析法中的结构主义是研究结构文明的最好方式。结构主义分析法指出，关系的最终意义不在于A或者B，而在于A与B的关系或者比较。好比拍手发出的声音——两只手没有产生关系，就不会有声音。没有女性就没有男性，没有白就没有黑，没有左就没有右，没有阳就没有阴，这些关系之间都是互相关联的。

理解个人主义文明和结构文明之间的差别是了解中国的基础。毫无疑问，中国是一个结构文明的国家。如果我从自己个人主义的成长背景出发，用我所继承的个人主义思维体系去理解中国，那么我就不能理解很多中国更深层次的本质。因为中国人不认为世界是由一个个单独实体构成的，每个实体内部完整，通过人工构造的纽带联系在一起。在他们看来，世界已然在人出生时的一系列深度关系中形成并固定下来，比如父母与孩子、男与女、君与臣、天与地。在儒家的社会秩序中，这些关系不能改变却又互相联系。人们不是自由的个体，而是"社会之链"的一部分。在巨大的网络中，每个人都有自己不可分割的权利和责任。

想要走进中国人的世界，盎格鲁-撒克逊世界的观察者需要暂停他全部未经证实的猜测。但几乎没人能做到这一点。这也许解释了为什么西方对于中国的理解最到位的一些研究部分来自法国学者，比如葛兰言。从孟德斯鸠、托克维尔到涂尔干、索绪尔（Saussure），再到李维·斯特劳斯

（Levi Strauss）、布尔迪厄（Bourdieu），法国结构主义思想家辈出，尽管掺杂了一些个人主义，他们基本上都是结构主义者。因此，与我和我的同胞相比，法国思想家更容易理解中国社会。

不过，处于结构主义者轨道之外也有优势，因为差异性带来的震撼会更加强烈，这也是发现的一部分。虽然我还不能完全理解，但我已经察觉到中国和我所熟悉的一切非常不同，这对我很有帮助，因为西方物质文明覆盖面非常大，观察者很容易忽视这种差异。在遥远的尼泊尔小村庄，我期待发现一些与我习惯的西方世界完全不同的东西。而现在，如果你到中国的大城市去旅行，你的第一感觉是熟悉，熟悉的汽车、商店、服装和西式风格。那些令早期来到中国的外国游客大为吃惊的差异已经被全球化覆盖。

我们需要认识到中国属于象征意义的世界，谈回人类学家李维·斯特劳斯讨论过的南美部落状况，其他学者在新几内亚岛的发现，或是我在尼泊尔萨满教小山村的发现。对我来说，中国是一个保存至今的古老文明；同时，中国流传下来的古老象形文字或是道教、禅宗佛语对我也是一个陌生的存在。中国与我最初的基本假设截然不同——这对我的固有观念形成了挑战，却也为我以多重视角看待世界提供了参考，我深感愉悦。

想法和信念

自然与超自然世界的分离

理解中国最好的方式之一是应用西方伟大的两位社会思想家马克斯·韦伯和卡尔·雅斯贝尔斯提出的伟大理论，也被称为轴心时代理论。卡尔·雅斯贝尔斯在《历史的起源与目标》（*The Origins and Goal of History*）一书的第二章中有着绝妙的表述，他描述了自己如何从对历史上众多伟大哲学家的广泛研究中发现，在公元前800年到公元前300年期间，欧洲和亚洲同时发生了一些奇妙的事情。从中国的老子、孔子和孟子，到印度的佛陀和古印度教经书（《奥义书》），到中东波斯的琐罗亚斯德（古代波斯国国教拜火教之祖）和旧约先知，比如以赛亚和以西结，再到柏拉图和亚里士多德时代的希腊哲学家，整个世界沿着这条轴心发生改变，像车轮一样转动起来。

在这之前，完美神圣的超自然世界和世俗物质的人间生活并没有被分离开来，你来我往，整个世界充斥着魔力和法术，自然与超自然共存。随着这条轴心线上发生的改变，这些伟大的思想家等认为，世界有天有地，将超自然世界与我们所在的这个世界划分开来，两个世界互相分离又激烈碰撞。他们建立起一个理想世界，人类应该为此努力奋斗、实现自我评价。如今，人们认为这是一个纯粹的自然世界，而不再是由各种无形和有形的力量混合构成的。

在卡尔·雅斯贝尔斯的表述中，中国是这个轴心线变革的一部分。他没有评价日本，而我自己的发现是，日本属于前轴心或者后轴心时代，并不是轴心线变革的一部分。这成为我理解为什么日本和世界上其他主要文明完全不同的关键。

卡尔·雅斯贝尔斯对中国的认识是否正确，这个问题一直困扰着我。S. N. 艾森斯塔特（S. N. Eisenstadt）是雅斯贝尔斯观点倡导者中的代表性人物，他认同中国基本属于轴心时代的组成部分，不过中国有自己的独特之处。不过雅斯贝尔斯的老师马克斯·韦伯在他的著作《中国的宗教》（*The Region of China*）中，将中国置于轴心文明之外，他认为中国是一个充满魔力的奇幻世界，中国主要的思想家的观点实际上并不属于轴心时代范畴。

中国有自己的世界，既不完全属于轴心时代，也没有被完全排除在外。对比看来，在日本文明中，人们世代反对轴心时代的划分。通过对中国的研究，我更能理解为什么中国的儒家、道家思想和佛教教义能够影响日本，被日本民众接受，这是因为中国的这些思想已经不属于完全的轴心时代范畴。之后，随着新教传教士和西方帝国主义列强的到来，真正的轴心思想最后全面爆发时，日本已经做好准备吸收新思想、改变他们的观念。

如果我想得没错，我们应该从中国哲学基础的与众不同之处出发来认识中国。中国的象形文字与西方的字母，或者中国的中央集权与西方的封建制之间都有着巨大的差别，而复杂多样的中华文明和其他文明间的差别尽管非常隐蔽但仍然很大。

中国介于中间，与属于轴心文明的西方和非轴心文明的日本都不一样。拥有世界五分之一的人口，五千多年不曾中断的文明历史，伟大的中国完全有能力保留下来一套与他国都不同的哲学基础。

*

这种差异有着无与伦比的重要性，也使我思索中国既不属于轴心文明也不属于非轴心文明的原因。可能是因为当轴心时代的两大哲学思想——儒家思想与佛教思想发生碰撞时，佛教也不得不去适应中国已经存在的强大的非轴心思想——道家学说和祖先崇拜，导致佛教的影响变得与我们所预期的不同。

中国的轴心思想没有得到强化，各思想流派之间没有使彼此更加"轴心化"，实际上反而互相抗拒，以至于儒家思想和佛教的轴心性在相互融合中被弱化，后又被道家思想削弱，形成思想流派的三足鼎立状况。所以，中国可以被称为"弱轴心"文明，也许有四分之一的轴心属性，因为家庭和血缘的强大力量又将其进一步削弱。其实，儒家思想本身就具有被弱化的轴心属性，这为中国的特殊性又添一笔。

随着佛教在中国逐渐发展起来，其对另一个世界的冲击消失不见，还整合了道教的万物有灵论。在这种极端情况下，佛教对国家统治几乎没有影响，它吸收了很多道家思想，对儒家思想也不构成威胁。这和西方的清教徒主义在很多方面有相似之处。清教倡导简单、禁欲的生活，注重精神世界和私有制，提出灵魂的救赎靠的是个人信念，是通过净化内心和沉思完成的，而不是靠宗教文字。这种差异对中国发展的很多方面产生了深远影响，包括中国在知识（科学）方面的进展。

8. 中国的未来：一些猜想

经常有人问我关于中国的未来有什么看法，因为我是一个有同理心的局外人，去过很多地方，我和很多中国学生和朋友交流过，这些年也读过一些中国历史。中国似乎可能会发生有些事情，但这都只是我个人的一些猜想。

首先可以十分确定的是，撇开整个人类灭绝的可能性不谈，中国一定会持续发展下去。中国曾历经许多战争和革命，个中原因我已经解释过，而又一次次重新站起来。现在，对于这些看起来似乎足以瓦解一个文明的动荡因素——人口大量增长、经济中的再分配问题、科学、技术、教育等方面的巨大改变，中国都在平稳、理性地进行处理。

在短短30年时间里，中国经历了工业化和城镇化的巨大变化，西方却用了150年才完成。不仅如此，中国在这过程中出现的问题要少得多。这种变化之大是西方或日本的20倍，不仅速度更快，而且影响的人口规模，更是其他地方与之规模相当的工业化革命的10倍。

大多数中国人从农村走向城市，经历了巨大的变化。基于本书前面提到的结构凝聚力，中国是一个非常坚忍顽强、高瞻远瞩、雷厉风行的国家，将来一定能够更好地生存和发展下去。

我猜测，中国只发挥了一小部分潜力，30年后，中国将再次成为地球上最重要的经济体，影响全世界的人们。

在我看来，尽管中国愿为她的人民创造不错的生活，也希望其他国家能够理解和欣赏她的伟大传统，但她并不热衷于让别的国家都变得像中国一样。对把我们所有人都变成道家、儒家学者、讲普通话的人或者京剧爱好者这种事，中国并不感兴趣。

但是，西班牙、法国、英国和近来的美国在这方面和中国不一样，这些文明试图让他们遇到的所有人都皈依自己。但中国不认为，也永远不相信可以用剑或枪强迫他人改变。即使他们被迫"改变"了，那变成的又是什么样子呢？是会打麻将、喝喝茶、品古籍、赏书法、尊父母和敬权威的人吗？这正是文化全套输出的局限性所在。

即使中国的商品物美价廉，我们不一定要买；不管中国的食物多么美味，我们不一定非得吃。我们不需要练武术、写书法、学京剧或画中国画。没有武器与战争的威胁，中国只是提供给我们这些选择。

我想我目睹了剑桥大学在过去发生的极大改变，而且这种情况会继续发展下去。20多年前，我所工作的学院没有中国大陆来的博士生，街上的中国学生寥寥无几，剑桥的博物馆和图书馆里几乎没有人对中国的文物感兴趣，人们也没有太大兴趣将中国文化介绍到剑桥。中国距离我们太遥远，几乎对我们没有任何影响。但是现在完全不同了。

中国人在剑桥买房子，将子女送到这里上学。剑桥大学有无数优秀的中国学生，科技园区开始出现合资企业，剑桥的后花园到处可见中国游客；各种展览，散文、诗歌、书法研讨会，暑期课程都为剑桥带来了中国风。作为交换，很多西方学生和学者也到中国去，为中国作出了自己的贡献。毫无疑问，有人感到恼怒或受到威胁。但是从中国的活力，与他国互相尊重与理解的表现及其创造力和文化的丰富程度来看，在融合和交流方面我对中国只有惊叹和喜悦。

下面通过对我曾经研究过的四个文明社会（盎格鲁－撒克逊世界、欧洲、日本和中国）进行对比，分析未来的一些可能性。

法律

首先，这四种文明在法律方面存在巨大的鸿沟。复杂的成文法律体系，包括刑法和民法，在中国还尚不完善，在欧洲和盎格鲁－撒克逊世界却已经非常成熟。尽管如今中国的法律体系正在快速完善中，两种法律秩序的基本差别仍然存在。

　　过去，除了一些极端案件，在中国基本不需要法律，和平与冲突的解决、民事纠纷大多是靠非法律程序解决的。这种解决问题的基本机制是来自家庭和人际关系的压力。互惠、和解、沉思、仲裁是众多社会关系中的关键，在这样的人际关系中，人们认为正式法律所引发的对抗性和争议性太大。

　　随着中国的快速城镇化，人们之间传统的亲密关系遭到一定削弱，同时中国希望引进更多的西方技术、教育思想，吸引更多经济机构，因而中国面临的问题是：这条通往法治现代化的路要走多远。

　　中国正走在法治现代化的道路上。在中国法院参观、和法官交谈以后，目前我有一种感觉：中国将更多地吸收借鉴西方法律体系的框架。不过我想随着时间的推移，中国会发展出新的混合版本。

　　例如，我不确定陪审团制度在中国是否行得通，因为它在日本已经失败了。我想中国律师占总人口的比例不会像美国那样大，律师们对一切向"钱"看的功利行为，中国不会全盘吸收。中国法律的"家庭味"会更浓，提倡人们尊重亲人、承担责任。

　　依法治国意味着所有案件遵循同样的法律程序，如果有必要，所有的问题最终都能通过法律得到解决，而不是依靠武力解决。中国的依法治国会有更大的发展，但是也会有局限。世界变化太快了，从西方观点来看，我们很难做到与时俱进。预测中国未来的法律进展不容易，但是我想中国的法律在未来30年一定会和世界任何地方的法律一样高效、公正、可靠。

社会秩序

在对比四种文明的过程中，给我留下深刻印象的是它们社会框架的不同。日本社会复杂交织，中国的社会结构像一节节的竹子，欧洲是等级社会，盎格鲁-撒克逊世界是由各群体组成的网状社会，它们之间的差别是巨大的。

这些差别可能会慢慢减少。我怀疑日本几个世纪来形成的紧密交织的社会结构是否会有所松动，但是中国的节段结构已经在借鉴西方等级体系的部分内容。中国中等收入人群的人数激增、人们总体收入水平的大幅提高都说明，以往少数统治阶级凌驾于绝大多数民众之上的社会结构已经不复存在。基于劳动分工和身份群体划分阶层的制度正在中国快速兴起。

重要的是，中国不只是简单复制或反映他国模式，而是发展自己的社会秩序。中国的历史和人民大众可以创造出西方模式之外的另一条道路。为了人类未来的可持续发展，我们期待中国可以找到这条道路。

科学、技术和物质的变化

卡尔·雅斯贝尔斯曾提出过一个奇怪的观点，其大意是，如果有一天科学进入中国，中国将不再是中国，中国人也将不再是中国人。他是什么意思？这会是真的吗？

我猜，作为一名学识渊博的学者和专家，雅斯贝尔斯曾著述过孔子、老子和孟子以及西方和其他地方许多伟大思想家的理论，他的意思如下。

一方面，我前面提到的中国"结构性"核心是指人和事物是相互联系的。每个事物在这个关系中都有一定的意义，而不仅是它本身。这是中国人的传统思维方式。另一方面，笛卡尔和牛顿的世界是一个原子世界，在这个世界里，我们打算沿着推理链来理解事物本身和它们的属性与趋势，然后再将它们与其他事物联系起来。如果这种原子思维方式（粒子物理学所必需的思维方式）能在中国落地生根，那么雅斯贝尔斯上面那句话的意思可能是说，中国的伟大传统将逐渐消失。

这是个十分有趣的观点，也的确包含了许多真理，但仅适用于某些方面。第一，这个观点似乎更适用于物理学而不是生物学。有人指出，这种整体的、联系的、结构性的思考世界的方式在生物学领域是相当合适且恰当的，因为在这个世界中，人与自然相互依存、不可分离，万物都处于某条"生物链"之中。

同时，这个前提对于生态学中相对较新的重要领域特别有用，例如盖亚理论。中国人将对自然科学作出重大贡献，这一点毋庸置疑。2015年中国科学家首次获得诺贝尔生理学或医学奖（屠呦呦女士发现青蒿素）就印证了这一观点。同样与此相关的是，日本也有一些科学家在自然科学尤其是医学领域获得了奖项。因为在医学领域中，整体观十分重要。

第二，就在雅斯贝尔斯著述的那个时期，关于科学的更深层观念发生了转变。当时"原子"宇宙的整个观点受到了挑战，这不仅是因为人类成功实现原子裂变、发现亚原子粒子（如电子和中子），更是因为人类建立了量子科学理论。

当然，在量子世界中，不存在不可分的或基本稳定的单位，因为最小的结构都具有高度不稳定性。就像薛定谔的猫一样，事物可以同时存在和不存在。世界不再是非此即彼的二元世界，而是兼而有之的世界。这更接近于中国古代的阴阳概念，阴阳之间既对立又统一。同样，中国古代儒家思想认为事物是不断变化和发展的，万物都处于联系之中。这种有机联系的观点将与量子世界高度相容。

当然，雅斯贝尔斯可能更多考虑的是科学的实际影响，也就是科技的体制化。技术，将可靠的科学知识应用于物质世界，将原子转移，这种"传统高效行为"帮助人类延伸了身体功能，在中国有着特别强大的力量。如我们所知，直到14

世纪，世界上几乎所有的伟大技术都是中国发明的。但是，在那之后，西方凭借各种各样的机器在技术上取得了领先。

也许雅斯贝尔斯觉得科学的产品（各种各样新机器）的涌现，会使中国陷入根基不牢的境况。虽然这不太可能，但如果他确实是这个意思，这种情况似乎也不太可能会发生。

当然，不仅人类塑造了科技，科技也塑造了人类。中国的各种科技发展，从住房到道路、从汽车到火车、从工厂到城市、从电视到互联网，都改变了人们的生活，产生了巨大的影响。在上海或北京长大的中国年轻人所生活的世界，与他们祖辈生活的古老中国村庄已有数百年的距离。

起初，我们可能认为这会改变新城市居民的性格和观念。毕竟用手机聊天，乘地铁、看电视的新城市居民，怎么会再像他们的祖父母一样，在一个偏僻的村庄里养猪、喂鸭、种稻呢？

但这一切发生得如此之快、规模如此之大，以至于我们很难知道这是不是"旧时代"的终结。自1968年以来，我用了近半个世纪的时间研究尼泊尔的村庄，尤其是我工作过的那个村子，我在那里观察到了与中国同样的现象，只是规模较小。村里那些种水稻和在森林里捡饲料的人们移居到了一些城市。

在尼泊尔朋友们移居到新地方后再见到他们，我感觉，从物质生活和技术方面来看，他们发生了变化巨大，似乎和我生活的地方非常像。他们的孩子在城市里上学，但这只是表面现象。他们对家庭、食物、空间和其他事情的态度依然保持不变。

即使他们生活在伦敦，成为那里大众社会中的少数群体，也还是会发生这种情况。我认为，在中国城市的大环境中，每个人周围都有着相似背景的人，因此在中国表面的物质变化之下，仍然有很多传统留存下来。

的确，在我们这个世界上，人类不断迁移，这是我们的一个奇特之处。就像英国人几百年来在外漂泊，但他们大多数内心永远是英国人一样，我相信海外华人也是如此。

这是一个宏大的话题，而我没有数据和经验来支撑我的预测。但是，我猜一百年后再回头看，我的预测会像从树上折下的嫩枝和插条一样在世界各地生根发芽。我认为，就像银杏依然是银杏，橡树依然还是橡树一样，即使它们很渺小，在树木丛生中并不起眼，但他们存在的事实是不会改变的。世界大熔炉只能减少部分大规模的人口流动。但遗憾的是，我应该活不到见证自己的预测是否正确的那天。

中国的现在和未来

看清当前形势比较难。由于近30年来，中国经济、科技、社会、政治、文化发生了惊人变革，尤其是世界百年未有之大变局正在以如此和平的方式加速演进，我们存在着许多困惑。要辨别是社会深层结构已被打破，还是仅停留于表层变化等待复兴，并不容易。

我猜想，当百年之后的历史学家回顾当今时期时，发现尽管表面看来某些要素可能变化巨大，但根本的关系结构维持不变。

关于这个问题，我曾经也问了中国的年轻朋友们，他们告诉我说他们并不能理解比自己大或小两三岁的人的想法，这让我觉得很茫然，他们的生活和生活方式变化是有多迅速，以至于这样。其实，我感觉，虽然他们觉得自己与父母有很大差异，特别是在他们曾经在国外接受了部分教育的情况下，但随着年龄的增长，特别是当他们回到中国生活时，他们很快就会回归到以前的生活模式。他们会觉得自己融入了其他中国人的生活，并且喜欢与他们在一起、彼此联系。

我之所以相信中国将依然是以前那个伟大的中国，其一是因为中国是一个大国，这就好比一艘巨大的远洋客轮，即使受到大风和海浪的冲击，仍继续前进。当前，中国在致力于整合外部有用事物的同时，也越来越重视复兴其古老的语言、艺术、文化和社会传统中的巨大且宝贵的财富。

在这一点上，中国可以说是走在世界前列的。她古老而壮丽的艺术、文化、技术和财富直到19世纪都是登峰造极的。中国没有其他国家的破坏性，总是和平安宁的，不像西方文明那么侵略性满满。中国哲学高度重视和谐关系、社会文化素养和知识。中国人无论是过去还是现在都始终勤恳、